和谐校园文化建设读本

中小学教师师德的自我培养

李　鑫/编著

吉林教育出版社

图书在版编目(CIP)数据

中小学教师师德的自我培养 / 李鑫编著. 一 长春：
吉林教育出版社，2012.6（2022.10重印）
（和谐校园文化建设读本）
ISBN 978-7-5383-8744-5

Ⅰ. ①中… Ⅱ. ①李… Ⅲ. ①中学教师－师德②小学
教师－师德 Ⅳ. ①G635.16

中国版本图书馆 CIP 数据核字（2012）第 117291 号

中小学教师师德的自我培养
ZHONG-XIAOXUE JIAOSHI SHIDE DE ZIWO PEIYANG

李 鑫 编著

策划编辑	刘 军 潘宏竹		
责任编辑	庞 博	装帧设计	王洪义
出版	吉林教育出版社（长春市同志街 1991 号 邮编 130021）		
发行	吉林教育出版社		
印刷	北京一鑫印务有限责任公司		
开本	710 毫米×1000 毫米 1/16 印张 11.5 字数 146千字		
版次	2012 年 6 月第 1 版 印次 2022 年 10 月第 3 次印刷		
书号	ISBN 978-7-5383-8744-5		
定价	39.80 元		

编　委　会

主　　编：王世斌

执行主编：王保华

编委会成员：尹英俊　尹曾花　付晓霞

　　　　　　刘　军　刘桂琴　刘　静

　　　　　　张　瑜　庞　博　姜　磊

　　　　　　潘宏竹

　　　　　　（按姓氏笔画排序）

总序

千秋基业，教育为本；源浚流畅，本固枝荣。

什么是校园文化？所谓"文化"是人类所创造的精神财富的总和，如文学、艺术、教育、科学等。而"校园文化"是人类所创造的一切精神财富在校园中的集中体现。"和谐校园文化建设"，贵在和谐，重在建设。

建设和谐的校园文化，就是要改变僵化死板的教学模式，要引导学生走出教室，走进自然，了解社会，感悟人生，逐步读懂人生、自然、社会这三本大书。

深化教育改革，加快教育发展，构建和谐校园文化，"路漫漫其修远兮"，奋斗正未有穷期。和谐校园文化建设的研究课题重大，意义重要，内涵丰富，是教育工作的一个永恒主题。和谐校园文化建设的实施方向正确，重点突出，是教育思想的根本转变和教育运行机制的全面更新。

我们出版的这套《和谐校园文化建设读本》，既有理论上的阐释，又有实践中的总结；既有学科领域的有益探索，又有教学管理方面的经验提炼；既有声情并茂的童年感悟；又有惟妙惟肖的机智幽默；既有古代哲人的至理名言，又有现代大师的谆谆教诲；既有自然科学各个领域的有趣知识；又有社会科学各个方面的启迪与感悟。笔触所及，涵盖了家庭教育、学校教育和社会教育的各个侧面以及教育教学工作的各个环节，全书立意深邃，观念新异，内容翔实，切合实际。

我们深信：广大中小学师生经过不平凡的奋斗历程，必将沐浴着时代的春风，吸吮着改革的甘露，认真地总结过去，正确地审视现在，科学地规划未来，以崭新的姿态向和谐校园文化建设的更高目标迈进。

让和谐校园文化之花灿然怒放！

本书编委会

目 录

第一章　师德概说

第一节　师德传统

一、最早的师德标准

中华民族自古尊师重教，并将这一传统视为社会文明进步之基。教师不仅是授业的经师，更要做传道的人师，其道德操守、行为举止，向来受到严格的约束。"凡学之道，严师为难。师严，然后道尊；道尊，然后民知敬学。"（《礼记·学记》）这就是人们通常所说的"师道尊严"。社会重视教育，尊重教师，首先是由于教师德高身正，严于自律，所以教师必须从自身做起，修身养德，致知力行，方能做好教育工作，赢得社会尊重。这个简单的道理，直到今天，仍值得我们作深入的思考。

古之学者必有师。上古时代，很早就出现了教师这一职业。但那时的教师是什么样，其风范若何，由于无文献记载，后人已很难稽考。

传说尧帝和舜帝在位的时候，曾经任命契这个人做"司徒"。"司徒"这个称谓，后来演变为一种官职，推其本义，就是管理和教育学生的意思，也就是现在的教师。尧舜为什么要任命一个"司徒"呢？因为当时"百姓不亲，五品不逊"——社会风气不正、天下大乱，这是很严重的问题，所以要找个人出来管一管，怎么管？当时的说法是

——"敬敷五教"。

"敬敷五教"在中国教育史和文化史上是一个很重要、很值得研讨的命题。首先，这里面提出了实施教育的目的，即"五教"。"五教"是针对五种主要的社会人际关系来实施教育。古人认为，父子、君臣、夫妇、兄弟、朋友，是构成社会最重要的五种人际关系，称为"五伦"。"五伦"是自然而然的，既是人的天性，又是自然的规律。

顺应着人的天性可以建构起社会伦理基础，遵循着自然的规律可以建立起社会道德标准，这既是教育的应有之义，也是文明社会的开端、和谐社会的基础。后来孟子又进一步将"五教"表述为"父子有亲、君臣有义、夫妇有别、长幼有序、朋友有信"，使之成为儒家教育思想的核心内容，亦成为数千年中国社会的主流价值观。由此我们可以了解，中国教育的源头活水是做人教育，而非知识传授。古代圣贤相信，只有教育学生学会理解和处理好这五种社会人际关系，学会做人，才能够"修身、齐家、治国、平天下"，实现个人人生幸福、家庭美满、事业成功，促进社会的和谐进步。

其次，"敬"、"敷"两字也值得回味。"敬"是对教育者职业态度的要求，"圣贤进德修业，不离一敬"。"敬"的反义词是"肆"，就是随意、放任、不负责任的意思，就是无法履行教书育人的责任。"敷"是传播、流布的意思，教师要传经布道，不仅自己懂得做人的道理，还要有以天下为己任、兼爱他人和诲人不倦的精神。

按照这样的标准，尧舜最终选用契做了司徒，承担起育人的重任。契是商代的祖先，曾经协助大禹治水，表现出了很高的才能。但作为教师，仅有高人一筹的才能是不够的。关于契，《列女传》称"契之性聪明而仁，能育其教，卒致其名"。可见契的成就主要不是因为他治理过水灾，而在于他"能育其教"——在教育方面做出重大贡献，因而为当时和后世的人们所纪念。契的秉性是"聪明而仁"，"聪明"是天赋，是见识；"仁"是爱心，是品格。二者兼具，故能担负起育人的责任，用现在的话来说就是"学高为师，身正为范"，或者叫作"德才兼备"。只有这样的人，才有资格去做教师。契这个人，恐怕是我们中华民族的祖先为后世树立起来的第一个师表风范，他身上体现出的"聪明而仁"的秉性，也可视为我国最早的教师职业道德标准。

春秋战国时期，又是一个天下扰攘、充满纷争的年代，于是有百家诸子并起，为乱世开太平药方。诸子其实都是职业教师，私人讲学，坐而论道，各有一班学生相追随。诸子虽然不是别人任命出来的教师，但也应是循循善诱、谙通育人之道的教育家，否则怎么会有那么多生徒前来追随呢？是故在他们的著作中，也保存下来许多有关教育和教师的论述，虽吉光片羽，却弥足珍贵，其中很多经典的词语，被直接引用到后世制定的师德规范中。

孔子是被尊崇为"万古师表"的古代杰出教育家。"孔子不仕，退而修《诗》《书》《礼》《乐》，弟子弥众，至自远方，莫不授业。"（《孔子世家》）孔子退居家中整理古代文化典籍，他大概没想过处去张贴招生广告，结果还是引来了四面八方的大批学子向他问学。对此，可用孔子自己的话作以解释——"其身正，不令而行，其身不正，虽令不从"。孔子是知行合一的，他的教育主张来源于他的教育实践，"不能正其身，如正人何？"（《论语·子路》）如果教师不能言行一致、以身作则，又怎么能去教育和影响学生呢？孔子教导学生要"学而不厌，诲人不倦"，他自己也是这么去做的。对此，孔子的学生子贡评价说："学不厌，智也；教不倦，仁也。仁且智，夫子既圣矣。"在他的学生眼中，"仁且智"是孔夫子身上体现出来的鲜明特点，也是孔子被后人看作圣人的主要原因，这与前面谈到的契的"聪明而仁"是一脉相承的。我们可不可以说——"仁且智"，是古代中国对于教育者人格境界和师表风范的最高追求？

朱熹手订《白鹿洞教条》

南宋淳熙六年（1179 年），刚刚出任南康军（今江西省赣州市）郡守不久的大教育家朱熹，决定在庐山东麓的白鹿洞创办书院。在这里，他亲手制订了著名的《白鹿洞教条》：

父子有亲。君臣有义。夫妇有别。长幼有序。朋友有信。

右五教之目。

尧舜使契为司徒，敬敷五教，即此是也。学者学此而已，而其所以学之序，亦有五焉，具列如左：

博学之。审问之。慎思之。明辨之。笃行之。

右为学之序。

学、问、思、辨四者，所以穷理也。若夫笃行之事，则自修身以至处事、接物，亦各有要，具列如左：

言忠信。行笃敬。惩忿窒欲。迁善改过。

右修身之要。

正其谊不谋其利。明其道不计其功。

右处事之要。

己所不欲，勿施于人。行有不得，反求诸己。

右接物之要。

这是中国教育史上值得特别纪念的一件大事。由于朱熹的提倡和努力，白鹿洞书院不但在其后数百年间弦歌不辍，发展成为"天下书院之首"，"代表了中国近世七百年的宋学大趋势"（胡适），并开启了近千年来古代书院的教育传统。朱熹手订的这则《白鹿洞教条》，更是被历代教育家作为师德信条而奉持不渝。例如明代大学者、教育家王阳明就曾说过："夫为学之方，白鹿之规尽矣。"

《白鹿洞教条》既是学生求知问学的条规，也是教师从事教育的规范，两者是统一的。对此，朱熹解释说："熹窃观古昔圣贤所以教人为学之意，莫非使之讲明义理，以修其身，然后推以及人，非徒欲其务记览，为辞章，以钓声名，取利禄而已也。"这就是说，在教育实践中，教与学是统一的，古往今来教育的宗旨只有一个：就是要实行做人教育，而不是将教育视为追求个人功利的手段。正如陶行知先生所说："千教万教教人求真，千学万学学做真人。"可见，古今历史上真正的教育家都是反对功利主义教育的。

《白鹿洞教条》系统梳理了古代先贤，尤其是先秦儒家关于教育问题的经典论述：首先，明确孟子提出的"五教"主张即是教育的宗旨，"学者学此而已"。其次，将孔子《中庸》中提出的"博学之，审问之，慎思之，明辨之，笃行之"作为教书育人的门径。并且强调说，前面四者，是为了穷理致知，属于认识的范畴，后面的"笃行"则是实践。朱熹一向认为，《中庸》是孔子"传授心法"之作，其中提出了很多重要的教育命题，值得终身品味。此后，王阳明又在此基础上提出了"致知力行""知行合一"的主张，这些见解和主张，对于我们纠正当前教育工作的偏失，也有着很强的现实意义。

其后列出的"修身之要""处事之要""接物之要"，都是"笃行之事"，皆属实践范畴。朱熹认为，人的认识不能脱离实践，实践能提升人的认识，"知之愈明，则行之愈笃，则知之益明"，这个循环反复的过程，就是教育的过程。

对于教育者自身而言，更应以此作为"规矩禁防"，在此过程中不断修身进德，"是以君子心廓然大公，其视天下无一物非吾心之当爱，无一事非吾职之所当为。虽势在匹夫之贱，而所以尧舜其君、尧舜其民者，亦未尝不在吾之分内也。"

这是我国古代关于师德规范最完整、最清晰的一次论述。

明清书院的师德规范

朱熹以后，他的门人程端蒙和程的友人董铢根据《白鹿洞教条》制订了一个既能为书院学生所应用又能对师长有所借鉴的《程董二先生学则》。这个学则和《白鹿洞教条》一样，为明清两代的书院和官学普遍采用。

顺带说一下，古代书院和学校的"学则"，其称不一，又叫"教条""学则""轨范""揭示""规训""戒勉"等，实际所指都是相同或相近的，其内容对包括教师和学生在内的学校全体成员都有约束作用。之所以对教师和学生不做分别的要求，依据的是《易经》上的一句话："君子以朋友讲习。"也就是说，在古代的学府里，师生之间应是朋友的关系，其主要教学（讲习）形式，即所谓"朋友聚会一番，精神收敛一番，讲论一番，道理开发一番"，这对于以做人教育为主的书院来说，更是如此。

相对于《白鹿洞教条》的微言大义，《程董二先生学则》则具体到了书院师生的日常起居和行为规范。如"居处必恭""步立必正""视听必端""言语必谨""容貌必庄""衣冠必整""饮食必节""出入必省""读书必专"等，其好处是便于操作执行和监督，但未免琐细，流于形式，容易使人舍本逐末。所以朱熹在审定时似乎对此不以为然，以为这是"古人小学之遗意"，用来约束一下孩童还差不多，如果用来规范成年人，就不免过于浅陋了。

明清两代，沿袭宋代书院讲学风气，天下才俊依聚山林，励志清修，"濂洛诸儒此集成，虚堂遥应四山鸣"，书院教育遂有了较大的发展，渐渐成为当时教育的主流。对于化育人才、砥砺气节、涵泳风气起到了积极的作用。

明清书院普遍重视学子修身进德，因此，选聘师长，最看重的一条就是道德操守。清代学者戴震说："讲学砥节，相语以道德，相勖以恭行。自宋以来，书院之立，咸若是。"可见，如果不是德高望重的硕儒，是很难成为书院士子们的人生导师的。

清代豫南书院对于教师师德订有四条规范：其一，敦德行以端本原也；其二，勤研讨以践实学也；其三，重师友以求夹持也；其四，谨交游以遵礼法也。其中第三条，还特别要求教师能够与学生"同堂共学，朝夕追随，赏奇析疑，互征心得"，强调教师与学生要在一起互动交流，自由探究学问，教学相长，创设生动活泼的教学氛围，"亦名教中活泼泼地也"。

群玉书院中专门设有"亲师斋"，其铭曰：

"主善为师德业所资，狎而敬之，畏而爱之，亦趋亦步，朝斯夕斯，熏陶既久，其益无涯。"

教师要抱一颗慈爱之心，使不听话的孩子能够敬重你，胆怯的孩子能够喜欢你，一天到晚都愿意追随你、亲近你。用你高尚的人格长时间地熏陶滋养着孩子们，将会使他们终生受到教益。这样的师德标准，即使放到今天来看，也是令人向往不已的。

高山仰止，景行行止！

二、我国传统师德的基本规范

（一）"有教无类"。孔子首先主张"有教无类"。所谓的有教无类，即"言人所在见教，无有种类"（马融注）；"人乃有贵贱，同宜资教，不可以其种类庶鄙而不教之也，教之则差，本无类也"（皇侃注）。孔子表示得更明确："自行束脩以上，吾未尝无诲焉"（《论语·述而》）。不过在阶级社会里，"有教无类"这一职业规范是带有一定的局限性的，在不同的朝代也有着明显的差别。

（二）爱生亲徒。清代唐甄（1630—1704）曾说："教者贵亲，亲则易知；承教者亦贵亲，亲则易化。煦妪覆育，如鸡之伏卵，而后教可施焉"（《潜书·讲学》）。教师对学生有了爱心，才会主动接近他，理解他，从而能产生感染力，使学生容易接受教育。孔子就认为只有爱生亲徒，才能乐教不倦，他常以"学而不厌，诲人不倦"（《论语·述而》）作为自己的座右铭，对学生关怀备至。

爱生亲徒在教学方法方面的表现就是：以情感化、激发兴趣。《管子·侈靡》认为教育始于以情感化："若夫教者，标然若秋云之远，动人心之悲。蔼然若夏之静云，乃及人之体。……使人思之，人所生往，教之始也。"这种感化，可使人思而生善，收"贤者不肖者化焉"之效。《河南程氏遗书》卷二认为，"教人未见意趣，必不乐学"。王阳明更是说得明白："大抵童子之情，乐嬉游而惮拘检"，故教育时"必使其趋向鼓舞，心中喜悦，则其进自不能已"。他反对以粗暴态度对待学生，反对惭之、苦之与体罚，指出："近世之训童稚者，日惟督以句读课仿，则其检束，……鞭挞绳缚，若待拘囚。"其结果"彼视学舍如囹狱而不肯入，视师长如寇仇而不欲见，窥避掩复以遂其嬉游，设诈饰诡肆其顽鄙，偷薄庸劣，日趋下流"。这暴之为制、烦之为防、劬劬于法令诰戒之间，实际上是"驱之于恶，而求其为善也，何可得乎？"

（三）循循善诱。颜渊曾称颂其师孔子"循循然善诱人，博我以文，约我以礼"，使自己"欲罢不能。既竭吾才，如有所立卓尔"（《论语·子罕》）。《礼记·学记》认为："善教者，使人继其志。"通过简约的语言、细小的事情启发学生明白道理、一心从善。朱熹也曾说："孔门教人甚宽，今日理会些子，明日又理会些子，久则自贯通"（《朱子语类》卷一九）。他主张要根据学生的年龄与接受知识的可能，由少到多、由近而远、由事到理、由浅入深地加以耐心引导，使他们逐渐把握义理。

（四）率先垂范。言行一致，身体力行，是教师最基本的道德准则。"其身正，不令而行。其身不正，虽令不从。"（《论语·子路》）教师的一言一行对学生都会产生潜移默化的影响。《河南程氏粹言》卷二指出："圣人尽道，以其身之所行者教人，是故天下之人皆至于圣人之域也。"《朱子语类》卷三四认为，教师"为之是仁圣之道，诲之是以仁圣之道诲人"，只有率先示范，做学生的榜样，才能收到良好的效果。

三、我国传统师德彰显的伦理精神

（一）教育公平。教育公平是教师最基本的伦理精神。公平的理念，是将学生看成是有丰富情感和多元需求的人。努力走进学生的心灵世界，与学生的成长结成相知相印、息息沟通的朋友；要尊重每一名学生的人格，诚挚地为每一名学生的发展服务，公平地依据每一名学生成长中的特质，创设条件、提供机遇，关爱和鼓励他们成为自尊、自立、自强、自信的人，不断学习创新的人，不断探寻新的生命支点、燃放生命光辉的人。以善良的情怀，公正地对待不同学生成长中的差异、困惑和问题，特别是那些处于弱势的学生。因为善良与同情的美德是从善待世间万物，特别是善待处于弱势的人开始的，这正是教师的良知和德性的表现。

（二）教书育人。传道授业解惑，既要教好书又要育好人；帮助学生树立正确的学习目标，确立崇高的理想人格是每一位教师神圣的天职。《礼记·大学》早就指出："大学之道，在明明德，在亲民，在止于至善。"这里的"至善"包括个人至善与社会至善两大方面，即不仅自己要有至善的德性，还要帮助别人自新，使整个社会达到至善的境界。明代王阳明进一步提出了教师以德教主的四大任务：一是教以"孝悌忠信，礼义廉耻"；二是诵书讲书与导之专志精读；三是诱之诗歌、"发其意志""泄其跳号呼啸于歌咏，宣其幽抑结滞于音节"；四是"导之习礼以其威仪""动荡其血脉""固其筋骨"。这些教育包容有德育、智育、体育、美育等全面发展的思想成分，值得我们肯定。尽管封建教育与我们今天的教育性质不同、培养目标不同，但重视德育的思想还是有一定借鉴意义的。教育的根本宗旨是为国家和社会培养合格人才，而把德育与智育割裂开来，只重视智育，忽视德育，是有悖于古今正确的教育理念的。尤其是在全球化、高科技的今天，道德教育在教学中的地位越来越重要。故而，从国家和社会的发展着想，教师继承和发扬教书育人的师德传统无疑是重要的方面。

（三）敬业勤业。学高为师、身正为表。这就要求教师不仅应德行高尚，而且要术业精深，敬业勤业。只有这样才能当好人师和经师。敬业是师德的核心，敬业一词出自于《礼记·学记》，原意是对学生"一年视离经辨意，三年视敬业乐群"。孔颖达疏："敬业谓艺业长者敬而亲之，乐群谓群居朋友善者愿而乐之。"后来被扩展为包含师德在内的职业道德要求。据《孙希旦集解引记》引朱熹语："敬业者，专心致志以事其业也；乐群者，乐于取益以辅其仁也。"这意味着教师不仅应该有热爱教育、忠于职守的敬业精神，还应该有与同行朋友友善相处、切磋学问的群体意识。切磋琢磨、精益求精，不仅是一般的技术道德要求，更是教师的治学道德要求，即必须以"业精于勤而荒于嬉"自警，博览群书，做到如《中庸》中所讲的："博学之、审问之、慎思之、明辨之"。通晓事理，防止如孟子所说的"以其昏昏，使人昭昭"。孔子不辞劳苦，广集周、鲁、宋等国的文献资料，研究与整理成《易》《诗》《书》《礼》《乐》《春秋》等经典著作，这不仅为弟子们提供了可供诵读的教材，也为后代留下了关于古代哲学、政治、伦理、历史、文化教育等多方面珍贵的文献资料。元代著名教育家许衡读书"不啻饥渴"，受命办学任教后，便食宿于校，"家事悉委其子师可，凡宾客来学中者皆谢绝之"。他说："学中应接人事，诸生学业必有妨，外人谤咎是我一己之事，诸生学业乃上命也。"为了让弟子"习学算术"，许衡研究了自尧舜至元代凡3605年间的算学史，按年代编成一书，令诸生诵。这种敬业勤业、刻苦钻研、严谨治学的精神，实为现代教育工作者的楷模。

教育工作是创造性的工作。在科学技术进步迅速，信息千变万化，社会发展日新月异的今天，教师的工作不能安于现状、墨守成规，必须勤于动脑，勤于思考，不断创新，主动适应新时代的要求。教师从事的不仅仅是一种职业，更是一种为社会创造最大的财富的事业。

（四）无私奉献。奉献，是为人民服务和集体主义精神的最好体现，是教师道德的崇高境界。只有无私奉献，才能由衷热爱教育事业、热爱学生，时时处处为人师表，淡泊名利，勤奋工作，任劳任怨，尽心尽职，认真负责。运用新的教育理念指导工作，不断追求新知识新才能，强化开拓意识和创新精神，大胆改革，锐意进取。

奉献是需要崇高的理想和坚定的信仰作支撑的。正是胸怀教育的理想，特级教师霍懋征才会以一个大学本科毕业生的身份在小学教师的岗位上一干就是几十年；邹有云、盘振玉这样的教师才会在偏僻的山村默默履行着教书育人的神圣职责；林崇德教授当年报考大学时才会把所有志愿全部都填写为"师范"。只有在教学实践中甘愿作奉献的教师才会"热情而不轻狂，严肃而不刻板，随和而不迁就，深厚而不高慢，自尊而不孤傲。他应努力把自己塑造成学生心目中的学术标杆和道德偶像"。

第二节 国外教师职业道德的比较

著名捷克教育家夸美纽斯认为，太阳底下再也没有比教师更崇高的职业，教师应该是道德卓越的优秀人物。这一观点说明，人类社会在充分肯定教师崇高地位的同时，也对教师的道德品行提出了极高的要求。随着人类社会的文明进步与教育事业地位的提高，教师职业道德问题日益受到人们的重视。世界各国，特别是一些发达国家，尤为重视教师职业道德建设，并已取得了卓有成效的经验，其对师德教育问题的认识及进行师德教育的做法值得我们学习与借鉴。

一、联合国教科文组织等国际机构关于师德规范的规定

1966 年 10 月，联合国教科文组织通过了《关于教师地位的建议书》，其中提出的师德理想是："应以人类个性的全面发展，以集体精神的、道德的、社会的、文化的和经济的进步，以及以对人权和基本自由极大尊重的谆谆告诫为目标，将最主要的注意力集中于教育对于

和平以及对于各民族间的了解、宽容和友谊所作的贡献上。"而制订师德规范的指导原则是："将对学生的教育损失减少到最低限度。"《建议书》中提出的具体师德规范如下：

1. 教师不得以任何形式歧视学生；

2. 教师要为每一个学生提供可能的、最充分的受教育机会，应适当注意对教育活动有特殊要求的儿童；

3. 教师应具有必要的德、智、体的品质，并且具有必要的专业知识和技能；

4. 教师要尽一切可能与家长密切合作，但也不能在教师专业职责等方面受到家长不公正和不应有的干涉；

5. 教师要积极参加社会和公共生活；

6. 为了学生、教育工作和全社会的利益，教师要力求与各行政主管部门充分合作；

7. 教师应参加课程、教学方法和教学设备的改进工作；

8. 教师要公正地评定学生的学业成绩；

9. 教师应避免学生发生意外事故。

1975 年，联合国教科文组织又提出了《关于教师作用的变化及其对教学专业的职前教育、在职教育的影响的建议》，其中也对教师提出了伦理方面的要求：教师要成为发展学生的能力、兴趣的教育者和顾问；教师要同社区的其他教育团体协作，使青少年为参与社会生活、家庭生活、生产等做好准备；教师要对学生和家长提供辅导和咨询；教师要参与学生课外活动的组织。

二、国际教师团体协商委员会关于师德规范的规定

除了联合国教科文组织之外，其他一些世界性团体或组织也曾对

世界范围的师德规范提出要求，如国际教师团体协商委员会。1954年8月，在国际教育工会的推动下，国际教师团体协商委员会在莫斯科举行第19次会议，到会的有中、法、苏、英、德、意等国家的教师代表，这次会议通过了《国际教师团体协商委员会教师宪章》。

《宪章》规定各国应遵循的师德规范如下：

1. 教师必须尊重学生的思想自由，并鼓励他们发展独立的判断力；

2. 教师要致力于培养作为未来成人及公民的道德意识，并以民主、和平与民族友谊的精神教育儿童；

3. 教师不能将个人信仰和见解强加于儿童；

4. 教师要在符合学生自尊心的范围内实施仁慈的纪律，不得采用强制和暴力。

上述规范对各国教师教育与培训工作产生了广泛的影响。

三、德国师德教育的基本做法与经验

德国有着悠久的师范教育历史，国家特别重视教师教育工作。德国教师队伍的整体素质高，社会福利待遇好，教师群体的社会、政治、经济地位高，是与其独特的教师培养体系、模式以及教师职业严格的从业要求相对应的。德国对教师任职资格及服务的权利和义务都有具体的要求，并强调教师应具备教师职业的道德素养。

（一）德国师德教育的做法与经验

1. 作为国家公务员的教师应履行的基本义务

（1）在德国，教师原则上均为国家公务员。

首先，从录用的个人条件看：第一，被确定为国家公务员；第二，忠于宪法；第三，必须达到规定的培训程度。其次，从录用的客观条件看：第一，根据需要录用；第二，有必备的经费。

（2）教师作为国家公务员要承担的义务

第一，国家政治方面的义务：

忠诚的义务；宣誓的义务；无党派的义务；政治活动的温和和节制的义务；禁止罢工。

第二，职位工作的义务：

尽职的义务；正常的工作时间；加班；全勤；附加工作；无私的义务；服从的义务；保密的义务；善待公民的义务。

第三，行为义务：

公务员的工作关系和忠诚关系同时产生工作以外私人范围的义务。

2. 教师职业的具体服务要求

（1）教师作为国家公务员，对教学及托付给他们的学生负有直接的教育责任；

（2）教师的职务要求他们在自我责任和教育自由的基础上，对学生进行教育、教学、咨询和评价；

（3）教师为履行其义务，须同学生的监护人进行充满信任的合作；

（4）教师通过执行法律规定、管理条例、教育大纲和教学计划以及学校督导部门的具体文件规定等开展教育教学活动；

（5）教师在教育教学工作中要保持政治中立；

（6）教师应该在教学范围内促使学生得到发展。

（二）独特的教师培养模式及道德教育的理念

1. 好教师的标准。

（1）应具有健康的体魄，能胜任繁忙的教育和教学任务；

（2）具有敬业精神，热爱自己的职业，热爱自己的学生；

（3）具有人道主义精神，对学生笑口常开；

（4）热爱自己执教的学科，因自己的执教学科而感到欢欣鼓舞，了解它的重要性和意义；

（5）对自己的执教学科很有自信心，很有把握，了解它的难点、关系、系统、方法等等；

（6）懂得学习，了解每个人都有自己的学习方式和风格；

（7）具有民主精神，不仅认识到在教师之间，在学生之间也要讲民主；

（8）具有良好师德，具有教师的责任感和使命感。

2. 加强教育学理念的培养，这是提高教师职业道德的前提。

所谓教育学理念就是指对教育规律的把握，对学校教育实践的认识，对学生心理的了解以及处理教育实际问题的能力等。

3. 重视对教育关系的理解，是师德教育的重要内容。

德国教育家认为，教育关系是一个不含价值观念的描述性的概念，指的是教育者和受教育者之间的人际关系的特征，是他们之间相互影响的特征。师生关系是第一教育关系。此外，德国学者还认为，应当以人际关系的基本要素去促进他人的发展。

（1）尊重他人，人际关系中的温暖感情、体谅、可逆性的语言行为，即教师所表现的行为，也可以被学生用来对待老师；

（2）同情和无偏见地理解他人，设身处地去体谅他人的内心感受，不要评头论足；

（3）真诚、正直和毫无掩饰的行为，不压制自己的感情思想，怎么想就怎么做；

（4）采用促进性的非指挥行为。

4. 重视教育实践与体验，注重自我教育。

"德国教师的教师"第斯多惠认为，要发展学生的主动性和创造性完全依赖于教师熟练的指导，学校全部工作的成功均依赖于教师道德的提高。教师希望引导别人走正确的道路，激发别人对真、善、美的追求，使别人的素质和能力提高，自己首先应当发展培养这些优秀的品质。

四、英国师德教育的做法与经验

英国教师教育的培养目标是：通过提供高质量的培训课程，使每个师范生都成为自信、能胜任、善理解、高效率的合格教师，而且教师教育过程中，重视教师道德品质及养成是其一贯保持的传统。

（一）重视教师道德品行及养成

早在近代，著名教育家洛克就认为，教师的责任就在于培养良好的习惯，怀抱德行和智慧，在学生向善的时候，给他力量、活力和勉励。他认为，作为教师，学问是第二位的，而道德则是第一位的。做教师的人，自己应当具备良好的教养，随人、随时、随地都有适当的举止和礼貌，具有一个严谨的学者的性格。

在教育实践中，英国具有一贯重视个人修养的传统，普遍认为，教师的品性以及对学生的方式和态度是最有力的教育手段。

称职教师的主要品行包括：

1. 职业道德。作为称职教师，他们首先应该是热爱教师生涯，具有为教师生涯献身的精神。

2. 合作共事。随着现代学校教育理论与实践的发展，教学工作逐渐演变成为相互关联和相互衔接的过程。虽然备课、上课、批改作业等教学工作具有较强的单干性质，但是培养学生的整个过程，决不是个别教师能够单独承担的，这就要求教师具备合作共事、相互配合、同心协力的个人品质。

3. 个人主义精神。在西方，个人主义被视为一种推动社会进步的精神力量，人从小就应该具备这种为追求个人幸福而努力奋斗的精神。一个教师，一方面要具有合作共事的品质，另一方面又必须具备个人主义精神。

上述几点是称职教师应该具备的。反之就是不称职教师。

不称职教师具备的特征是：教学方式单一，学生被动学习；注重惩罚，而不是表扬；将学生的自我表达、艺术性和自发性创造视为学习不力；对改革持怀疑态度；经常侮辱学生，但希望学生富有教养和学会忍受；注重控制，小题大做，不论错误大小，一律予以同样的惩罚。

（二）英国师德教育的主要做法

英国教师职前培训不以师德为名目专门设置课程，但这不是意味着不重视师德教育，师德教育及师德观念的确立主要通过立法和间接渗透来实现。

首先，法律明文规定了教师的权利与义务，要求学生理解与掌握。如《学校教师报酬和条件法》《工作中的卫生与安全法》《教师习惯法》《儿童法》《教育法》等。

其次，师德教育被融入各学科教学内容和教学实践中去。在教师职前培训过程中，始终强调接受师范教育者要掌握关于青少年身心发展、卫生安全知识、与学生家长关系等方面的知识，理解尊重学生人格的重要性。

五、国外教师职业道德教育的共性比较

通过上述的比较，我们可以发现国外教师职业道德教育的理论和实践存在着这样的一些共性：

1. 注重教师职业道德的规范建设。

建立教师职业道德规范是一个世界性的普遍做法，联合国教科文组织、国际教师团体协商委员会等一些国际性的机构所制定的有关教师的规则都体现了这一精神。德国、英国等都极为重视编制具体的教师职业道德规范，以保证教师在职业道德习惯养成上和社会对教师道德行为的评价上有规可依，有章可循。

2. 注意划分师德规范的结构层次以便于实施操作。

教师职业的特殊性决定了师德规范既要有理想性，又要有现实性。因而西方国家注重区分师德规范的不同层次，以对教师整体与个体提出不同层次的职业道德要求。师德规范不是空洞的师德理想，而是包括具体的行为规则，它可以直接制约教师个人的从教行为与教师群体的道德修养；另一方面体现出师德规范的不同结构发挥不同的功能作用：理想发挥激励作用，原则发挥指导作用，规则发挥约束作用。

3. 将师生关系作为教师职业道德规范的核心内容。

师生关系是学校人际关系中最基本的关系，也是因学校教育而形成的独特的人际关系。强调师生关系旨在尊重学生自主性的精神，使他们的人格得到充分发展，因此师生关系是一种无形的、潜在的教育因素，直接制约着学生接受教育的程度，影响着教育过程，甚至决定着教育的质量和效果。

4. 强调教师职业道德教育的内化与养成。

西方国家虽重视教师职业道德教育，但在职前和职后的培训过程中，不以师德为名专门设置课程进行简单的灌输或空洞的说教，而是将其渗透在学校及社会的日常道德教育之中，注重职业道德习惯的养成。西方国家的师德教育途径、方法多种多样，主要采取：

（1）间接教育，全方位渗透。

（2）将教师道德与责任义务教育融入"公民教育"与"公民责任"教育之中，培养学生首先是具有爱国精神和尽责尽义务的"公民"。

（3）强调在道德实践中将师德规范内化为师德行为。

六、启示与借鉴

前面论及的西方发达国家教师职业道德规范建设及师德教育的经验启示我们：

1. 应重新建构以民主法制和公民义务为基础的师德规范。

我国教师职业道德规范制定的依据是基于对教师职业的崇高性认识而做出的对教师的人格期待。在日常社会生活中，人们心目中的教师往往被定格为理想的"道德化身"，由此对教师也提出了"学高为师，身正为范"的高要求。但这一种高要求是一种理想的期待，而无坚实的法律基础和社会生活基础。在西方，师德规范的提出首先是基于法律的准绳的，各种行为规则都必须定位在法律的框架之内，它首先是对公民的基本义务要求，然后在充分考虑教师工作的职业特点的基础上提出教师应遵循的规范和规则。

2. 教师职业道德建设应从"理想"回归"现实"，从"高尚"走向"朴素"。

师德规范需要崇高的理想作为目标，但仅有"理想"是远远不够的。因为教师职业道德行为只有道德理想的制约引导而没有可遵循的具体规则的约束，那往往是约束少数人的。

我们应该看到，教师职业是一个普普通通的职业，教师本人也是一个公民，也要生存，而且在物质和精神上也应有一定的要求，过高的道德理想往往适得其反。因而教师职业道德规范的制定应该现实一些，让教师首先从一个人、一个公民、一个公职人员的角度去履行自己的职责和道德义务。让教师职业道德规范从"高尚"走向"朴素"，更加符合人性，符合社会发展的实际。

3. 师德教育应从"灌输"转向"养成"。

应该说，开设专门的师德教育课，采取强制性的说教或硬性的灌输，是我国教师职业道德教育的主要模式。但在新的时期，随着教师专业化发展趋势的不断增强，教师专业竞争的日趋激烈，对我国师范生和在职教师来说，教师职业的内外部条件都发生了变化，注重教师职业及师德内化与行为养成，使从教者和教师备选者真正从内心、从价值趋向上认同教师专业，使从教者变成一种内心的自由选择，在自主的道德践行过程中提升职业道德水准。

4. 严把教师职业入口关。

西方国家在挑选和聘任教师工作上有一个共同点，就是实施教师职务资格证书制度，严把教师职业入口关，并注重教师职务申请者的道德认知水平和道德修养水平，从而保证了教师队伍的整体道德素质。我国也已正式实施教师资格证书制度，在具体的操作过程中要学习国外严把教师职业入口关的做法，重视考核申请者的品性、人格、教养、责任心、使命感等，这是提高教师队伍道德水平的关键性措施之一。

教师职业道德教育对于任何一个国家和地区来说，都不可能是一种单纯的教育行为，它必然受到本国本地区特定的政治、经济、文化、社会等因素的制约，同时还要受到本民族传统的影响，不同国家的教师职业道德规范及教育往往显示出差异性，因此，我们要认真研究国外的经验，吸取合理内核，促进我国教师职业道德的建设。

第三节　师德的内涵

教育大计，教师为本；教师修养，立德为本。这些已成为大家的共识。但由此势必引发以下一些问题：何为师德，即师德的内涵、外延、核心各是什么？师德的核心结构是怎样的？如何提高师德修养？怎样加强师德建设？对这些问题，有的已经进行了研究讨论，并有相当成果，但有的问题的研究还刚开始，甚至尚未进行。

"学高为师，身正为范""教师是人类灵魂的工程师""教师如烛，师德如炬，光照人间"，这些都揭示着这样一个道理：作为一名教师，既要有精湛的专业知识、高超的教育艺术，还要有高尚的职业道德，德业双修，人文并重，言行相掩，为人师表，做到"为人之道"与"为学之道"的统一。

师德与我们通常意义上普通人的道德有何异同？究竟应该如何认识和定位师德？目前对师德的定位究竟有什么偏差？在定位师德的时候我们应当注意哪些问题？这是我们在研究师德问题、推进师德建设时应该明确的重要课题。

一、何谓师德

师德是中华民族传统美德的重要组成部分，是一种社会道德形态，是教师在从事教育过程中形成的较为稳定的职业道德观念和行为规范的综合。顾名思义，师德是教师应具备的职业道德，是教师和一切教育工作者应遵守的道德规范和行为准则，以及与之相适应的道德观念、情操和品质。师德是教师的灵魂，是教师人格特征的直接体现。师德既有道德的一般性，即作为人应具备的最起码的道德、为人之道和处世之德，又有作为教师职业道德的特殊性。

这里的特殊性有两层含义：一是作为一名合格教师应具备的最基本的职业道德，如爱岗敬业、尊重学生等；二是作为一名优秀教师应具备的高尚情操、崇高的职业道德。"教师承担着传播人类文化、开发人类智慧、塑造人类灵魂的神圣职责。教书育人，教书者必先强己，育人者必先律己。教师的道德修养、师德建设应当走在社会的前列。"因此，师德既有作为普通人的道德的有限性、普通性的一面，又有作为一个有崇高追求的人在为人、为教、为学等方面的圣洁性、崇高性的一面。科学全面地认识师德既要认识到师德的高尚性，又要认识到这种高尚性在现实生活世界中的普通性与有限性。

（一）师德的高尚性

教师担负着传道、授业、解惑的重任，担负着传授知识、传播文化、创新文明的重任，是人类文明的灯塔，是文明的使者。教师不仅应具备一般人所应有的道德，还应有教师职业所要求的更为高尚、圣洁的师德。道德的修为、境界的提升、人性的完善不是一时的事情，不能毕其功于一役，需要终生不懈的努力和追求。因此，从这个意义上讲，师德具有无限的高尚性。高尚的师德没有一个固定的标准，不是一个静态的目标，而是一种境界，是需要人付诸一生不懈努力追求探索的动态的过程。

具体而言，师德的高尚性主要体现在以下几个方面：

1.师德应是求真的道德。教师首先要追求真理、崇尚真理、实事求是。捷克教育家夸美纽斯比喻不学无术的教师是无雨之云、无源之水、无光之灯。《礼记正义·学记》说："虽有嘉肴，弗食不知其旨也；虽有至道，弗学不知其善也。是故，学然后知不足，教然后知困。"教师应是学习型社会的典范，终身学习、知识渊博，具有敏锐的问题意识，深沉的历史使命感，宽广的学术视野，博大的包容情怀，敢于创新，服膺真理。作为教师不应仅停留在传授知识的多少上，更为重要的是教授学生求知和创新的方法。教师不应该仅仅教给学生文化知识，更重要的是引导、教授学生学习实践、求知创新的方法。教师不仅自己追求真理，还应引导、垂范学生追求真理，让学生养成"吾爱吾师，吾更爱真理"的崇高境界和高尚情怀。

2. 师德应是趋善的道德。人生两件事：学做人，学做事。教书育人是教师的天职，教书是手段，育人是目的。教师要引导学生学会做人，做有德之人、有为之人。师者，万世师表。教师应是善的使者，带来善的福音，传播善的因子，践行善的行为，做出善的表率。教师应是社会良知的表率，应是公平正义的化身，公平对待每一个学生，以公平之心为人、为教、为学。

3. 师德应是臻美的道德。教师应有美的仪表、美的言行，更要有美的心灵、情操、品格，以自己对美的追求教育感染学生，引导学生成为一个欣赏美、追求美、创造美、践行美的人。

4. 师德应是播撒大爱与希望的道德。没有爱就没有教育。教师应有博爱之心，大爱之举，爱吾子及人之子，爱吾家及人之家，爱吾生及人之生。爱心是一名教师应具备的基本品质，是师德的重要体现。

教师在播撒大爱的同时，还应播撒希望，播撒学生个性全面发展之希望、民族兴旺发达之希望、国家繁荣昌盛之希望、人类和平进步之希望。

5. 师德应是担当使命与责任的道德。知识决定命运，教育决定未来。百年大计系于教育，教育大计系于教师。教师担负着人才培养的重任，承载着国家与民族的希望与未来。师德是教师的灵魂，师德意味着平凡而神圣的使命肩负与责任担当。

（二）师德的有限性

师德既有高尚性的一面，同时又有有限性的一面。所谓有限性就是师德虽然有高尚的一面，但我们不能把它无限地拔高，对教师提出过分苛刻的要求。我们在对教师寄予一种高尚性渴求的时候，还应当站在一个普通人的角度对教师进行最基本的人文关怀，关照教师的物质、精神、心理、情感等方面的需要。如果我们无限地拔高师德，忽视了其作为普通人的现实的需求，就会导致师德的神化，影响师德建设。因此，我们在认识到师德神圣化、高尚性一面的同时，还应认识到师德的有限性的一面。在科学认识师德、加强师德建设时应注意以下两个方面：

从人性的通约性和一般性上认识师德，防止过度拔高师德。从人性的通约性和一般性上认识师德，从认识普通人的视角认识教师。在对教师提出更高要求的同时，要对教师职业和教师群体进行人性化的理解与关怀。教师首先是一个有物质需要、精神追求的活生生的人。人是什么？人是一个双重生命的存在，人有自在本能的自然生命，又有超越的价值生命。人之为人既有自然本能方面的欲望和追求，又有神圣、高洁、超越的精神、价值、理想、信念追求。如果仅追求前者，没有超越层面的价值、意义等方面的追求与提升，人就会陷入物欲本能的深渊，人就不能称之为真正意义上的人，就会与动物无异。如果仅追求后者，人就失去自然生命存在的根基，也不能称之为真正意义上的人。

我们经常说，教师是蜡烛，燃烧自己，照亮别人，教师要毫不利己，专门利人。我们经常听到这样的报道，某某教师因积劳成疾累倒在了讲台上。我经常想，如果我们的教师做一个节能灯岂不更好吗？如果让我们的老师能更加健康地在讲台上多站几年，为社会培育出更多的英才岂不更有意义和价值吗？我们经常说要"以学生为本"，这没有错误，但往往忽视了另外一个问题，"以学生为本"的前提是"以人为本"，"以人为本"对教育而言至少包含两层含义："以教师为本"和"以学生为本"。我们在倡导"以学生为本"的同时往往忽视另外一个重要的内容即"以教师为本"。我们很少考虑教师的感受，教师的工作、生活压力如何，教师的情绪状态如何，教师是否出现了职业倦怠等。对这些问题的忽视导致的后果使我们并不能真正做到"以学生为本"。

在肯定我们教师队伍师德建设主流是好的同时，不可否认，一些教师的师德令人堪忧，导致了一些人对师德的庸俗化理解和实践操作，降低了对自己的要求，甚至出现了践踏、戕害学生生命的现象，在学生和教师中造成了不良的影响，直接影响到了教师队伍的师德建设和德育开展的效果。

我们经常说，德才兼备为圣人，有德无才为贤人，有才无德为小人，无德无才为庸人。贤人无才不能解惑，小人无德不能传道，庸人既无德又无才更不能传道、授业、解惑。贤人只追求为人之道，小人只强调为学之道，二者皆是片面地追求一个方面，均不具备为人师的资格。只有将"为人之道"与"为学之道"有机结合，德才兼务、德才兼备才堪为人师。

因此，科学全面认识师德，要正确理解人之生命的自在性、自为性，把人之生命的自在性有机结合起来，用生命的自为性提升生命的自在性，用健全的自在生命为高洁的自为生命奠定坚实的基础。这样既能够防止过度拔高师德，避免对师德的庸俗化的理解和现实操作。

可见，科学全面地理解、定位师德不仅关涉着教师自身的发展与幸福，还关系着青少年的健康和快乐的成长，维系着国家、民族的未来与希望！应正确认识，高度重视，谨慎为之。

二、师德的内涵外延

师德，即教师的职业道德，它由三个子概念——教师、职业、道德——有机组合而成。因此，要正确理解师德的涵义，首先就应对这个子概念作必要的了解。

1. 教师。《教育管理辞典》对教师这一概念是这样定义的："向受教育者传递人类积累的文化科学知识和进行思想品德教育的专业人员。主要任务是贯彻国家的教育方针，用坚实可靠的科学基础知识武装学生，研究他们的个性特点，发展他们的求知兴趣和认识能力；培养有理想，坚持社会主义方向，实事求是，为祖国建设事业而献身精神的一代新人。"《中华人民共和国教师法》对教师这一概念的界定则是："教师是履行教育教学职责的专业人员，承担教书育人，培养社会主义事业建设者和接班人，提高民族素质的使命。"两种解释虽然表面看上去有些差异，但实质是相同的，即都把教师界定为从事教书育人工作的专业人员。

2. 职业。《现代汉语词典》对职业的解释是："个人在社会中所从事的作为主要生活来源的工作。"这一解释揭示出职业的一个基本事实和特征——干活为挣钱。但我们稍加分析，就会发现这一解释是不全面的。众所周知，职业是伴随着社会劳动分工的深化而产生和发展起来的，这就意味着社会上的每件事都要有人做，且专事要有专人做，否则就无所谓劳动分工，从而也就没有职业的概念。因此，专人做专事是职业的又一基本特征，这就是我们平时说的专业了。这样我们是否可以把职业这一概念作如下界定：所谓职业是指人们在社会中所从事的，可以获取主要生活来源的，具有特定职责的专门业务。

3. 道德。《现代汉语词典》对道德的解释是："社会意识形态之一，是人们共同生活及其行为的准则和规范。"《简明社会科学词典》把道德这一概念界定为："一定社会为了调整人们之间以及个人和社会之间的关系所提倡的行为规范的总和。"两者虽然在表述上不尽相同，但都指出了道德这一概念的本质，是调整人们相互关系的行为规范的总和。

通过以上分析我们知道：首先教师是一类专业人员；其次教师在从事教育教学这一专业工作时要履行教书育人这一特定的职责；再次教师无论在社会上作为一般人，还是作为专业人，都要遵守一定的行为准则和规范。三者的有机组合就产生了教师职业道德这一概念：教师在从事教育教学活动，履行教书育人职责时必须遵循的行为准则和道德规范的总和，称为教师职业道德，简称师德。这便是师德的内涵。

那么，师德的外延又是怎样的呢？1984年10月13日，当时的国家教育部、全国教育工会联合颁发了《中小学教师职业道德要求（试行草案）》，共有六条，对中小学教师职业道德作了规定。1991年8月13日原国家教委和全国教育工会对上述的《中小学教师职业道德要求（试行草案）》作了修订，制定并颁发了《中小学教师职业道德规范》，也为六条。为了适应形势发展的需要，加强师德建设，原国家教委和全国教育工会于1997年8月7日重新修订并颁发《中小学教师职业道德规范》，共八条。主要内容分别是：依法执教，爱岗敬业，热爱学生，严谨治学，团结协作，尊重家长，廉洁从教，为人师表。并对每条都作了更加详细的相应规定。我们可以把这八条规范看作是师德这一概念的基本处延。

1997年9月4日《中国教育报》和同年第10期《人民教育》在发布《中小学教师职业道德规范》时，分别在评论员文章《把师德建设提高到新水平》和短评《加强师德的重要举措》中，都将爱岗敬业、教书育人、为人师表作为师德的核心内容。这三条是社会对教师职业道德的最基本的要求。作为一个人民教师，必须信奉之，遵循之，笃行之，并在信奉、遵循、笃行的基础上升华之。力求达到爱岗敬业精神高尚，教书育人水平高超，为人师表品行高洁的"三高"境界。

三、师德的核心结构

为什么说爱岗敬业、教书育人、为人师表是师德的核心内容与最基本的要求？这是因为爱岗敬业是对一切职业的共同要求，教师职业自不例外。所谓干一行，爱一行就是此意。没有爱岗敬业的精神，一切都无从谈起。因此，它是师德的基础。教书育人是对教师这一特殊职业的专业要求，它是教师工作的具体内容，师德所引发的效果如何，必须由此来体现，所以它是师德的载体。而为人师表是社会对教师这一职业所承担的职责具有的特殊性而提出的比一般职业道德更高的要求，教师的人格、品行所具有的感召力，在此得到充分表现，故而它是师德的支柱。这样，爱岗敬业、教书育人、为人师表就形成了一个有机整体，三方面缺一不可。三个方面的任一方面的缺乏，对于教师而言，都是不对的。另外，这一核心结构也显然蕴含了《中小学教师职业道德规范》中规定的师德外延的其他方面。由于爱岗敬业、教书育人、为人师表这一师德的核心内容分别侧重于师德的三个不同方面，从而我们可以把它们看成是师德的三个不同维度，它们共同构成了一个"三维空间"——"师德空间"。每一个教师在任一瞬时的师德，都可以看成是这一空间的一个"动点"。这一动点的"三维坐标"为敬业，育人，师表。动点的"轨迹"就是每一名教师的师德历程——"师德曲线"。

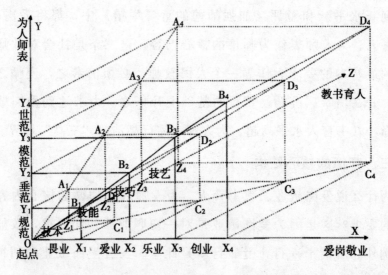

这个图揭示出了教师职业道德的核心内容是由三个维度及每个维度的四个层次组合而成的，我们把它称为"三维四层"结构（或模型）。对此我们作如下解释：

1. 敬业维度表示一名教师爱岗敬业的精神。在一个教师对自己的职业认同的前提下，根据职业认识、职业态度、职业价值观的不同，教师对自己的职业在认识、态度、价值观上有四个不同层次的理解，即畏业、爱业、乐业、创业。所谓畏业是指敬畏自己的职业，当一名教师把自己的职业仅当作一种"干活挣钱的行业"，而又很怕失去它，那他对教师职业就具有一种敬畏感，其敬业的精神是始于畏业。畏业者对职业能尽职尽责，爱业者能自立自强，乐业者能无怨无悔，而创业者则表现出一心一意。这四种不同的职业感，虽然层次不同，但都是教师敬业的内在动力。显然并不是每个教师都会经历或达到这样四个层次的职业感的。比如有许多教师从参加教育工作起，甚至在参加工作前，就热爱教师职业，因而就没有畏业感。同样有的教师一辈子都仅把教师工作当作一门职业，而没有把它当作一门事业，那么他虽然也可以达到爱业的层次，但不会有真正的乐业感，更达不到创业的境界。我们认为，从爱业到乐业，是一名教师将自己的工作视为职业到视为事业的飞跃，实现了从必然王国向自由王国的过渡。由此可知，敬业是一个人民教师从事教育教学、履行教书育人工作的原动力。田沛发、刘让贤、李吉林等就是具有高尚敬业精神，为人民的教育事业创立了光辉业绩的优秀人民教师的代表。

2. 育人维度表示一名教师教书育人的水平。教书育人是教师的专业工作，是区别于其他职业的根本标志。教书育人的业绩如何，除取决于教师的敬业精神外，还取决于教师的业务水平。作为一门专门的技术，需要教师勤奋训练，对其中的规律刻苦钻研。教师教书育人的业务水平可以有四个不同层次：技术、技能、技巧、技艺。每个层次虽然渐次递进，但受智力或非智力因素的影响，并非每个教师都能达到高级的境界，否则也不会有出类拔萃、技艺超群的说法。不过，"勤奋＋方法＝成功"适合每一个人。故博览古今中外典籍，使自己成为饱学之士；勤练教书育人技艺，使自己成为专业高才；深研教育教学规律，使自己成为教育行家，应成为每个教师终身为之奋斗的目标。于漪、魏书生、孙维刚等就是许许多多这样的教育英才的代表。

3. 师表维度表示一个教师为人师表的品行。教师作为人类灵魂工程师，肩负教书育人的神圣使命，这就决定了社会对教师的品行比其他行业的从业人员有更高的要求。教育无小事，教师无小节。教师的一言一行、一举一动都应是规范的，是学生学习的模范，而优秀教师还是其他教师学习的模范，是社会各界学习的模范，这就构成师表维度的四个不同层次：规范、垂范、模范、世范。我们平时常说的"学高为师，身正为范；学为人师，行为世范"不就是要求教师要有高超的教书育人的水平与高洁的为人师表的品行吗？一名人民教师敬业精神高尚令同行感动，育人水平高超令学生佩服，而师表品行高洁则令世人敬仰。孔夫子、陶行知就是这样的万世师表。

4. 图中曲线 AB 表示一段"师德曲线"，即表示着一名人民教师在爱岗敬业、教书育人、为人师表的"三维空间"中所走过的轨迹。起点 A 的"坐标"为爱业，技术，规范。它的意思是：这个教师从当教师这一天起，就热爱自己的职业，具有教书育人的技术，为人师表品行规范。看来他是一个优秀的师范毕业生。而 B 点则表示这名教师对职业的认识由爱向乐过渡，掌握了教书育人的技能，为人师表已达到垂范层次，即达到能为学生做出榜样的层次。而曲线 B 端的虚线则预示着这个教师在师德方面的发展方向。很明显，从理论上说，每个教师的师德都能在这个"三维空间"中找到对应的曲线，所不同的是曲线起点、终点、形状或曲线段的长度而已。

第二章　师德是教师素质的核心

第一节　21世纪教师应该
具备什么样的素质

终身学习的楷模。知识社会的显著特征就是知识像滚雪球一样急剧膨胀并快速陈旧。面对"生有涯，而知无涯"的现实，教师必须不断地学习方能胜任教师工作。终身学习者不是一个盲目的学习者，知识传播渠道和信息量的剧增，使教师受到来自四面八方信息的"狂轰滥炸"。一个好的学习者首先要具有批判性和选择力，学习对自己有用的知识。21世纪的教师应该是终身学习的示范者，是学生终身学习的楷模。

学习技巧的传授者和学习障碍的诊断者。在未来的教育中，教师的作用主要体现在指导学生有效地学习方面，不是以知识权威者的身份向学生灌输知识，而是以学生为中心，根据学生的特点和需要，帮助学生发现问题，想办法解决问题，进而掌握学习技巧，养成自学的习惯。教师必须清楚地知道学生的学习过程，不断地观察学生在学习过程中的表现，敏锐地发现学生的学习困难，并能提出行之有效的解决办法。

令人信任的心理医生。由于家庭问题、社会问题的共同作用产生了许多问题儿童，表现为行为异常，心理上有障碍。教师需要了解孩子们异常行为背后的原因，运用巧妙的方法予以疏导解决。

课程设计的专家。社会的进步和教育民主化的发展，使教师不仅要参与教育决策和教育管理，而且愈来愈拥有课程设计的自主权。教师要根据国家和学校的教育教学目标，本着有利于学生个性自由发展的原则，了解知识产生和更新的状况以及学生的知识结构基础，设计切实可行的课程。

现代教育技术的行家，信息资源的提供者。现代教育技术的发展为教师提供了许多新的传授知识的手段，尤其是计算机辅助教学和多媒体技术在教学中表现出强大的生命力和广阔的发展前景。教师要学会应用这些教学技术。教师应是新的科学技术的应用者和推广者，是这些方面的行家里手。教师应能帮助学生寻找自己需要的信息，并把这些资源吸收到自己的认知结构中去，变成自己的知识。

团体工作和团队沟通的专家。教师职业的一个特点就是集体性，要求教师彼此协调，相互宽容，发挥集体的教育力量。教师还要面对学生团体，因为这种团体的活动指导可以提高教师的工作效率。但是众多个性鲜明的孩子组成的团体必然产生摩擦，所以教师必须是团队工作的专家，必须具备处理团体工作的能力和方法。另外，未来社会的劳动分工将更加细致，生产过程的技术含量更高，人与人之间的联系途径日趋多样。教师必须教学生学会宽容，发现别人的长处，学会与别人一起工作。

独立研究、独立学习的指导者。学生在学校里的时间相对于人的一生毕竟是短暂的。因此，学生在学校里学习和掌握现成的知识是次要的，更重要的是以此培养学习的技能，在了解知识产生的过程中学会独立发现问题、分析问题、解决问题。在这些方面教师是指导者、领路人、导航员。

客观公正的评价者。学习过程是一个复杂的过程，涉及到学生生理和心理的多方面。由于学生个体存在很大的差异，在学习的质和量上也就存在差异。教师必须了解和评估学生到底学到了什么。对其成绩的评估要尽可能运用多元化的评估技术，力求科学、客观、公正。

熟练的社会工作者。21世纪的学校总要和社会发生密切的联系，彼此影响，随着社会的变化而变化。教师有责任告诉学生，学校发生的变化和这种变化的来龙去脉，以及会对学生产生什么样的影响。另外，学校要和社会上的各个机构和组织进行交涉，教师一定要受过良好的社会工作训练。

预知未来社会需要的学者。21世纪教育的功能将主要是为未来社会培养合格人才。教师要根据对未来社会发展前景的预测，通过所设计的教育计划、教育内容、教学方法，使学生在价值观、个性品质、知识、能力等方面的发展符合他们要走向的社会的要求。从这个意义上来说，教师必须是一个未来学的学者，具有未来设计者的职能，有教育预见能力。

第二节　对教师的职业道德要求为什么更高

教师是人类文明的传播者和建设者，是"人类灵魂的工程师"。教师按照一定社会的需要和标准，塑造学生的思想道德，向学生传授文化科学知识，培养学生分析问题和解决问题的能力。教师的思想政治素质、职业道德修养和工作能力，决定教育的发展水平和质量。

作为培养造就高素质劳动者的教师，除了具备一般的社会道德外，还要具备良好的教师职业道德，才能完成教育教学任务。教师职业的特殊性，决定了教师的职业道德是一个独特的体系，有其特有的内涵和规律，在教育事业中具有不可替代的独特作用。中国要造就千千万万有理想、有道德、有文化、有纪律的社会主义新人，适应社会主义市场经济发展需要，其根本保证在于建设一支德才兼备、忠诚于人民教育事业的教师队伍。对教师的职业道德要求比其他的职业要高得多，根据长期从事教师队伍管理工作的体会，主要有以下原因：

1. 对教师职业道德的高要求是教师的职业性质所决定的。

对任何一种职业，都要明确其职业性质，才能落实其相应的社会地位和有关的待遇。对社会发展影响重大的教师职业更不例外。教师到底是自由职业者还是国家公职人员，虽然还存在不同的看法，但在很多发达国家，都是把教师作为国家公职人员（有的是作为公务员）对待的。国家公职人员（或公务员）的显著特点是有具体的职业资格要求，有专门的机构进行严格的考试并认定职业资格。对于教师而言，目前，许多国家都在实施教师资格制度，只有取得国家认定的教师资格后，才有可能由政府任用为教师。新中国成立后，我国长期是把教师作为"国家工作人员"或者"干部"对待的。1993 年 10 月 31 日颁布的《中华人民共和国教师法》将教师身份规定为"教师是履行教育教学职责的专业人员"。从对教师队伍的管理看，仍把教师列为国家公职人员。国家公职人员社会地位较高、职业稳定、待遇有保障，在大多数国家都是公众向往的职业。而另一方面，由于国家公职人员地位高，社会影响大，所以限制也较多，包括道德品质在内的各方面要求也很高。例如，在欧洲的很多国家，作为教师，不准有反政府的言论；禁止教师集体和政府进行谈判；大多数国家都规定教师不能罢工，等等。在职业道德方面，由于教师的公职人员性质，教师职业的社会形象、社会影响问题，要求不仅对学生，对社会也应当以身立教、为人师表。

2. 教师的劳动对象可塑性强，教师的一言一行都有教育作用。

教师职业的特殊性表现在他们的劳动对象是可塑性强、模仿性强的儿童和青少年。因此，教师在各方面要起表率作用，以自己的学识、才能、高尚的道德品质影响学生，培养学生。老师作为人类灵魂的工程师，不仅要教好书，还要育好人，各个方面都要为人师表。教师的一言一行都在起着教育作用，而且这种教育作用不仅仅表现在课堂上。教师职业道德不仅是对教师个人行为的要求，也是教育学生的重要手段，起着"以身立教"的作用。由于教师的劳动对象不同于其他任何行业，决定了教师职业具有较强的表率性，要求教师具有高尚的精神境界和道德品质，以此去影响、感化和教育学生。学生具有主观能动性，他们通过对教师的模仿、借鉴、学习，不断自我发展。教师应充分认识到，自己的道德表现任何时候都和在课堂上一样对学生有教育作用，对社会风气有影响，因此，要用教师职业道德约束自己的一言一行。教师职业道德对学生的影响是潜移默化的，而且能够长期起作用。很多对人类科技进步做出过重大贡献的大科学家，在谈到自己的成长时，无不谈及自己的老师对自己的终身影响。

3. 教师的劳动"产品"要求全面性和高质量，而且要一次"成型"。

教育的目的是对不同性格、不同爱好、不同条件的学生因材施教，发展各种类型学生的个性，充分调动每个学生学习与探索的积极性，使他们的特长能够得到充分发挥。这就是说，教师的劳动"产品"——学生，是一种特殊"产品"，在理论上不应当有"废品率"。教师的劳动"产品"——学生即使"毛病"再多，也不能将其列为"朽木不可雕"而置之不理，更不能抛弃。要运用教育规律去发现其闪光点，用先进的教育教学方法去调动其积极性，挖掘其潜力。这也是教师职业道德中要求平等对待每位学生的基础。

4. 教师在劳动过程中要处理复杂的人际关系，其劳动成果是各个教师作用的有机总和，是集体劳动的结晶。

教师每天都要直接处理人与人之间的关系。这些关系包括师生关系、学生与学生的关系、教师与家长的关系，等等。这些关系如何处理，直接影响教育教学任务的完成。因此，在世界上的很多发达国家，非常注意教师处理人际关系的能力。例如法国在对申请教师资格的人员进行教育教学能力考查时，把处理人与人之间的关系的交际能力作为重要内容。教师对上述种种关系是否处理得当，在很大程度上取决于教师的职业道德水平，因为教师不但有教育学生的职责，还有以自己的道德和学识影响包括学生家长在内的社会其他人员树立良好社会风气的责任。

教师要使学生全面发展，成长为对社会有用的人才，仅靠个体作用是不行的。水平再高的教师，仅靠个人的作用很难使学生在德、智、体、美、劳诸方面能够全面发展。即使是学科教学，也必须要各个学科的教师共同努力，密切协作才能使学生掌握全面知识。因此，团结协作，能够与不同性格、不同背景、不同学识的教师共事，使自己任教的学科对其他教师所教的学科有促进作用，对教师来说，比其他行业更重要。团结协作，也是教师职业道德的重要内容。

5. 教育"生产"周期长的特性，使教师的劳动成效需要相当长的时间才能显示出来。

教育"生产"周期长的特点决定了对教师劳动成果的测定比较复杂和困难。教师的劳动成果和"效益"难于完全量化。学生的分数只是教师劳动成果的一个方面。而且由于每位教师面对的学生个体差异极大，难以与其他教师进行横向比较。特别是不同学科、不同年级的教师相比较更困难。教师的这些劳动特点，决定了教师的职业道德、社会责任感、劳动的自觉性比其他行业更为重要，职业道德的约束作用更明显。

教师的职业性质、劳动特点和历史作用，不仅要求教师是一个博学多才的人，更要求教师是一个道德高尚的人。因此，加强教师职业道德教育和修养，对于把青少年培养成为有理想、有道德、有文化、有纪律的一代新人，具有特别重要的意义。同时，高尚的职业道德又能鼓舞教师自觉地为人民的教育事业而献身。加强教师职业道德教育，提高教师的职业道德水平，既是当前我们减轻学生负担、实施素质教育的迫切要求，也是把我国建设成为高度文明、高度民主的社会主义现代化强国的需要。长期以来，全社会都在反映学生负担过重，身体发育和健康受到影响，各方面的素质有待提高。归纳起来，主要原因在应试教育。单纯的应试教育，不仅影响了学生，也影响到了教师的职业道德水平。教师的工夫花在找题、解题、改题上，成天忙得团团转，哪还顾得上学生的全面发展，自己的职业道德意识也会逐渐淡化。

良好师德的培养，在教师队伍建设上，对陶冶教师情操，转变教师气质，提高教师素质，激发教师的积极性，培养大批为教育事业献身的新师资都有着极其重要的作用。反思近年来教育中出现的问题，我们会越来越体会到师德的重要性。

第三节 师德——教师素质的核心

在当前进行素质教育的过程中，要提高学生的整体素质，要实施创新教育，其关键是提高教师的素质。那么，关系到整个国家前途、影响整个民族精神风貌的师德在教师素质中的地位怎样呢？

一、师德是教师素质的重要组成部分

教师劳动的知识性、专业性、艺术性、复杂性、长期性、示范性与创造性的特点决定了教师素质构成的特殊性。经过大量理论研究和实验研究，我们认为教师素质是顺利完成教学任务、培养人所必须具有的身心的相对稳定的潜在的基本品质。其本质特点是指教师自身的质量，即教师身心发展的总水平。其构成要素主要是教师的机体素质、文化知识素质、道德素质与心理素质等。

教师道德是一种职业道德。教师的职业道德，简称"师德"，它是教师和一切教育工作者在从事教育活动中必须遵守的道德规范和行为准则，以及与之相适应的道德观念、情操和品质。我们所认为的教师的道德素质并不是指规范、准则本身，而是教师把这些规范、准则逐步内化，成为教师从事教育事业的准则。作为教师基本上都知道教师道德，但许多教师并没有把道德规范、准则内化，因此，他们在实际教学中表现出言行不一致性。例如，在我们的调查中发现，如果你问老师，"你罚过学生吗？"95％的老师的回答是："没有！"但在实际教学中，有些老师就有处罚学生的行为，说明这些老师并没有把道德准则内化，表现出言行不一致。由于教师所从事的职业是教育人、塑造人的事业，因此，教师道德素质比教师文化素质更为重要。教师道德是教师的灵魂，简称"师魂"。

二、师德是教师人格特征的直接体现

在教育中，一切师德要求都基于教师的人格，因为师德的魅力主要从人格特征中显示出来，历代的教育家提出的"为人师表""以身作则""循循善诱""诲人不倦""躬行实践"等，既是师德的规范，又是教师良好人格的品格特征的体现。在学生心目中，教师是社会的规范、道德的化身、人类的楷模、父母的替身。他们都把师德高尚的教师作为学习的榜样，模仿其态度、情趣、品行，乃至行为举止、音容笑貌、板书笔迹等。

儿童、青少年接受知识的过程中，正是个性与品德形成时期。尽管社会环境、家庭等因素对儿童、青少年的个性形成和品德发展具有一定的影响，但许多研究表明，教师的作用最大。教师的影响主要通过两方面进行。一方面是教师通过一定的教育内容、教育方法对学生的影响。另一方面是通过教师本人的人格特征、言行举止等对学生的影响。在儿童眼里，教师是正确的，教师的话都是对的。由于儿童好模仿，因此，教师的言行就潜移默化地影响着儿童的个性、品德的发展。例如，在我们研究观察中发现，在小学阶段，如果这位班主任连续带了两年，那么，这个班的学生的说话的语气、语调，办事风格在很多方面与班主任有类似之处。

从社会的角度看，一个民族的群体都是一个一个的个体所组成。每个个体的道德风貌反映出整个民族的发展水平。一个个体的许多道德习惯、道德品质都是从小形成，每一个人从儿童开始所形成的道德观念、行为习惯、世界观等，教师起了决定性的作用。尽管社会风气、家庭环境对儿童的道德品质形成有一定影响，但无法代替教师教育的优秀。因为，教师的教育具有长期性和系统性，无论是德育内容、德育方法，甚至德育手段等都是长期而系统地对学生产生影响。其次，教师的教育具有科学性。儿童的许多行为习惯的培养，教师都是根据儿童成长的规律有计划、有步骤地进行的。最后，人生最初的二十几年决定和影响人的一生的发展，是道德观念、行为习惯形成的关键期，而教师的影响是关键因素。教师的主要职能是培养未来的人才。这些人才毕业后分布在全国各条战线上，对整个国家的文明建设起到重要的推动作用。所以，把教师提到推进社会向前发展的高度来认识，具有重要的现实意义和深远的历史意义。

三、师爱是师德的灵魂

教师对学生的爱，简称为"师爱"，是师德的核心，即"师魂"。在一定程度上，热爱学生就是热爱教育事业。热爱学生并不是一件容易的事，让学生体会到教师的爱更困难。我们在教师人格特征的研究中，涉及到教师的师爱问题。我们在 5 所学校，随机抽取 120 名教师，问："您热爱学生吗？"90％以上的被试者回答"是"；然后向这 120 名教师所教学生进行调查："你体会到老师对你的爱了吗?"回答"体会到"的仅占 10％。这说明要让学生体会到老师对他们的爱并非易事。林崇德教授认为，"疼爱自己的孩子是本能，而热爱别人的孩子是神圣!"因为教师对学生的爱"在性质上是一种只讲付出不记回报的、无私的、广泛的且没有血缘关系的爱，在原则上是一种严慈相济的爱。这种爱是神圣的。这种爱是教师教育学生的感情基础，学生一旦体会到这种感情，就会'亲其师'，从而'信其道'，也正是在这个过程中，教育实现了其根本的功能。因此，师爱就是师魂"。其实，林崇德教授就是师爱的典范。之所以如此，他被评为全国劳动模范。有的老师就没有让学生体会到老师对他们的爱。例如，有一位中学老师，他从初一开始接了一个班，班中有一位学生，上课从来不举手，即使老师点名，她也不发言，已经到了初二第二个学期了，她还是如此，有一天，老师为了让她发言，就想出一个绝招。老师首先叫这个学生站起来回答问题，而这位学生站起来，可是头是低下的。老师说："请你抬起头来，往前看，看见了什么。"这位学生轻轻地回答说："我没有看见什么。""你再仔细看，看见了什么?"学生还是摇摇头，老师就指着黑板问："这是什么?""哦，这是黑板。""对，你的前途就像黑板一样黑!"老师回答说。老师从他的出发点来说，他是为了关心学生的学习，可是，一句话，不仅伤害了那位学生，而且，伤害了全班学生的自尊心。师德是教师职业理想的翅膀。

教师的心理素质是在教学活动中表现出来的心理特点。它由四大系统构成，即动力系统、人格特征系统、操作系统和监控系统。每一大系统既有各自的特点和作用，又是紧密地联系在一起相互制约，相互影响的。教师的动力系统包括教师职业的兴趣、动机、信念、理想等。因此，理想是教师动力系统的重要内容。理想是一个人的奋斗目标，是个体所向往的或所要模仿的事物或人的主观形象。教师的理想具有不同的表现形式和层次。有的把个人发展作为奋斗目标，有的为多培养出优秀人才作为奋斗目标等。由于理想的层次不同，因此在教学工作中产生的动力也不同。那些具有为社会的发展与进步而努力奋斗的教师、具有高尚师德的教师，才具有长远而高尚的理想，由此产生的动力就巨大。他们不为眼前利益所困惑，呕心沥血，对教育事业执着追求，贡献出自己的全部。总之，从教师素质的构成要素来看，师德是教师素质的核心。

第三章 师德建设

第一节 师德建设的误区

进行教师职业道德建设，是实施科教兴国宏伟战略目标的需要，是教师做好本职工作的需要，也是教师个人安身立命，获得幸福人生的需要。但目前存在的问题是：这种需要在很大程度上似乎仍处于一种权威的外在强制的他律状态，并没有完全被教师个人所认同并内化为教师个人的思维、情感、意志，形成内部调控的自律机制。很多教师还只是凭借感性的、经验性的、朦胧状态的职业良心来尽自己的义务，并没有用理性的清晰状态的自觉的职业道德意识来指导自己的教育实践，调节师德实践中的诸种关系，这就构成了师德建设的一个误区，容易使教师的职业道德建设流于形式，难以取得良好的实效。本文试图就此问题进行初步的理论探讨，以求能对教师职业道德建设的外在强制和内在需求的统一和谐发展方面有所贡献。

误区之一：在师德本质的认识方面：重社会层面的"习惯性道德"，轻个体层面的"内省性道德"。

对师德本质的认识，离不开对道德本质的认识，涉及到"德"是什么的本质问题的思考。关于什么是"德"的问题是一个至今仍争论不休的问题。

中国人民大学罗国杰教授主编的伦理学中是这样阐述的："道德作为一种实践精神，是一种特殊的意识行为、行为准则、评价选择等的价值体系，是调节社会关系、发展个人品质、提高精神境界诸活动的动力。"

北京大学的魏英敏教授在《新伦理学教程》中指出："道德是人们在社会生活中形成的关于善与恶、公正与偏私、诚实与虚伪等观念，情感和行为习惯，并依靠社会舆论和良心指导的人格完善与调节人与人、人与自然关系的规范体系。"

在上述两种关于"德"的本质的揭示中，都涉及到了道德本质的两个层面或两种因素、两种视角。一个是被黑格尔称为人论，被杜威解释为源于社会因素而形成的"习惯性道德"的社会层面；另一个是被黑格尔称之为"德性"，被杜威解释为源于道德实践者主体内心世界的"反省性"道德的"个体层面"。

属于"人论"的"社会层面"的"德"，是调节道德实践主体与外部世界即社会生活中诸多社会关系的行为准则，价值和规范体系，而属于"德性"的"个体层面"的"德"则是调节道德实体内部心理世界自我和他我、主我和客我，现实状态的我和理想状态的我等关系，帮助道德实践主体不断地调节心理内部的矛盾冲突，求得心理平衡、健康，并战胜自我、超越自我，培养美好、完善、健康人格，发展良好的个性品质，提高精神境界诸活动的动力。但在现实的道德建设实践中，道德教育所依托的宣传媒体、机构及教育者，更多地是宣传道德对于社会层面、对社会进步的推动作用，甚至在某些特定的历史时期，这种宣传达到了无以复加的"顶峰""极点"，而忽略以致无视道德对于个体层面内心世界的平衡、调节、净化乃至整合作用。表现在师德建设中，则是更多地研究和关注教师对于民族、对于国家、对职业、对学生、对学校、对教师群体、对学校领导等外部世界诸种关系中所应具有的职业信念、职业理想、职业态度、职业情感、职业良心、职业责任、职业义务等，而较少地研究和关注教师个体的内心世界可能产生的冲突、失衡，所应采取的态度、信念及行为准则和价值体系。这样就造成了师德理论宣传和师德建设实践的某种程度的脱节和背离，使人们误以为师德只是约束教师行为督促教师自觉为国家、民族、社会、学生的利益而尽职尽责的外在手段，而忽略其对教师个体自觉履行教师义务、承担教师责任、践行教师行为、优化教师形象、提高教师精神境界、保持内心世界平衡、安宁、和谐，幸福的影响和调控作用。影响到教师师德建设良性运行机制的形成。

误区之二：在师德规范体系的研究方面，重教师对学生群体道德规范的研究，轻教师对教师群体道德规范的探讨。

教师在教育实践中，大体上需要处理好五个方面的关系。一是要正确对待教师职业；二是要正确对待学生；三是要正确对待教师群体；四是要正确对待家长；五是要正确对待自己。这五个方面的关系中最主要的是二和三。换句话说，教师在职业生活中，始终扮演着两种不同的社会角色，需要遵循两种不同的社会规范。在学生面前是师长，在教师面前是同事或下属。作为师长，教师要研究为师的学问，既要教好书又要育好人。作为同事或下属，教师要正确地处己待人，妥善处理好教师群体中诸多复杂的利益关系。例如：要正确处理好在名誉、地位、提薪、晋级等过程中产生的矛盾和冲突等，教师和学生两大规范体系具有质的不同，既相互独立，又相互联系。正确地看待学生群体，既尊重、信任、理解学生，又严格要求、管理学生，其教学科研水平和人格魅力均得到学生的好评，是衡量一位教师称职与否的重要指标，也是一位教师在教师群体中得到承认和尊重的重要条件。但教师在教师群体中的境况并不完全取决于其与学生群体相处的境况。一个教师可能书教得很好，学问做得也很好，很有人格的魅力，很受学生群体的爱戴和尊敬，在学生面前是成功的教师。但不一定能保证这位教师在教师群体中也能得到本人期望得到的理解、信任和尊重。这种现象普遍存在。但却有很多教师并没有意识到，使得有些教师在尽心尽力做好本职工作、很受学生欢迎之时，却得不到校方和教师群体的认可，因而感到自己的辛勤劳动没有得到相应的回报，感到委屈、不平、气愤、懊恼，乃至影响到自身的身心健康，甚至人为地造成了教师群体中人际关系的紧张，进而间接地影响教师教书育人的积极性和创造性。

造成上述情况的原因是很复杂的，有历史的原因，涉及教师地位、教育管理体制等问题；也有现实的原因，如受制于教师中人际关系的影响，更多地则是受制于教师个人与领导关系的影响。有的教师虽然书教得很好，学问做得也很不错，学生管理得也很好，对学校的贡献也很大，但其个性可能与领导不合，因而在教师群体中可能会处于被动、不受礼遇的地位。第三是教师劳动的特点所使然。教师劳动的成果具有整体性，但教师劳动的过程却具有个体性。教师与教师之间学科不同，却相互独立，A教师是工科方面的专家，B教师是文科方面的专家。A和B在学生面前均是成功的老师。但A不一定了解B，B也不一定了解A，A和B不可简单类比。以此类推，在教师群体中，公开、公平、公正地进行教学和教育质量的评估确有很大的难度。而教师在教师群体中的境况会相应地影响教师的情绪、情感、理想、信念、价值观等，进而影响教师在学生群体中的作用。

综上所述，教师师德规范的研究应该包括两大体系，其一是应研究教师与学生群体应该具有的规范，其二是应研究教师与教师群体的规范，帮助教师很好地认识两个不同的群体利益的不同，规范的不同，正确地对待学生，正确地对待同事，正确地对待自己，正确地处理教师生活中各种利益冲突，帮助教师在两大不同的社会群体中均处于主动、自觉、自立、自主、自省、自律的状态。但目前对教师师德规范的研究，更多地是关注教师与学生群体的规范，论及教师与教师群体的关系时只是一般地、泛泛地强调教师之间要互相尊重，要遵循教育的一致性原则等，缺乏深入、到位的研究和思考。

误区之三：在师德修养的途径的认识方面重内省、慎独、不争、超脱，轻师德主体实践精神的传扬。

如中国人民大学罗国杰教授所述，"道德是一种特殊的意识行为、行为准则等价值体系，是调节社会关系，发展个人品质，提高精神境界诸活动的动力"。除此之外，罗国杰教授还特别强调：道德是一种实践精神，道德不是单纯的、脱离生活、脱离实际的空洞乏味的理念和说教。它是和人们的实际生活紧密地联系在一起的。师德也是如此，如果师德宣传不能给教师正确处理学生群体和教师群体关系的实践活动以有效的指导和帮助，则就有可能被人指责为是一种虚伪的说教和宣传。

首先，高尚的师德是在长期的教育实践中锤炼而成的。以教师的职业感情为例：刚刚步入教师队伍的年轻教师，要求他们一定要热爱教师工作是不实际的。因为，人们对一个事物从认识到了解到热爱是需要时间、需要过程的。所以，初为人师，只能要求他们对工作尽职尽责。只有经过较长的教育实践，教师本人在自身的教育实践中亲身体会到了教师工作的酸甜苦辣，认识了教师工作的重要意义和价值，才能使自己的理念境界逐渐升华，才能不仅视教师工作为一种职业和谋生的手段，而且将教师工作视为事业、视为生活和生命的目的和意义，把教书育人作为一种人生的价值目标和理想而孜孜不倦的奋斗和追求。只有达到了这种境界才能谈得上热爱教师工作，也才能谈得上高尚的师德。现今我国的大中小学的教师队伍中，几十年十几年如一日，热爱教师工作，以高尚的师德，娴熟的教育教学技巧，教书育人、无私奉献的教师不乏其人。正是得益于这样一批批"俯首甘为孺子牛"的师者，才使我国的教育事业虽步履艰难，但也是一步步地向前发展。

其次，高尚的师德应成为教师调节内外部世界的各种矛盾和冲突，指导教师以积极正确的方式谋求自身发展，维护自身合法正当权益的动力和指南。

由于几千年来中国传统文化的影响，中国的知识分子以"中庸""贵和""不争"为理想的道德价值取向。在我们的教师队伍中云集着一大批专心于学术、蔑视权术、热心于学生、傲视权威的专家、学者。他们以不争、超脱的方式来调节内心的矛盾冲突和人际之间的关系，也以自强不息的精神教书育人、著书立说、建功立业，赢得了世人的敬仰和尊重。

诚然，学校理应是传播知识、创新知识、追求真理、传扬真理的高雅殿堂，教师队伍也理应是学识渊博、品格高尚的文明之旅。但不可否认的是：教师队伍中也有正义和邪恶之争，也有真假、善恶之辩，也有高尚和卑劣之分，也有腐败和廉洁的抗衡。因此，高尚的师德的标准是什么，良好的教师形象是什么，教师应该树立怎样的道德人格理想，是否以中庸、贵和和不争为最高的人生价值取向，是师德建设不可回避的问题。在目前的师德建设中，仍存在一个严重的误区，即忽略了师德实践精神的传扬。在广大教师的内心理念中，良好的师德形象似乎就只是尊重学生、热爱学生、专心做学问，而在矛盾和冲突面前，则是不争，以谦让为美，以忍耐为德，以超脱和回避为重要选择。虽然这种选择可以解释为自我牺牲、顾全大局，但是否也可解释为消极循世、回避矛盾呢？

如果我们的师德建设仅仅是鼓励教师自省、自立、自律、慎独，而在矛盾和冲突面前无所适从，只能选择逃避和超脱，不仅不是顾全大局、自我牺牲，而恰恰是目无大局、明哲保身。因此，在面临激烈的矛盾冲突之时，教师勇敢地挺身而出，积极地去解决问题，化解矛盾，在正义和邪恶面前教师能够弘扬正气、坚持真理，正是具有高尚师德的表现。因此，在师德建设中，在师德的价值导向中，鼓励教师不仅以积极的方式教书育人、著书立说，而且以积极的方式去参与生活、战胜困难、解决矛盾，自觉地增强自身师德主体精神的塑造、加强道德实践能力和应变能力的培养，应该是合乎道德的，也是十分必要和重要的。

第二节　教师对职业道德的适应与超越

适应与超越，是当今教育理论的重要命题，既反映了教育及教育者自我发展的规律，又体现了马克思主义认识论的本质，这一命题，迄今已为教育界普遍认同和吸纳。教师职业道德的养成和践行，就是经历了这种从自我的主动适应到自我的主动超越过程。这一过程，既不是教师对职业道德简单的契合和趋同，也不是教师对职业道德自然的扬弃和提升，而是一个能动过程。艰难的过程，甚至出现适应与超越的交错反复。弄清这一理论的实践逻辑，想必对加强教师职业道德建设是大有裨益的。

一、教师对其职业道德的适应

教师职业道德古已有之，只是在不同的阶级社会，有其不同的内涵罢了。在社会主义的中国，教师的职业道德就是"严谨治学，科学育人；热爱学生，以情育人；为人师表，教书育人；团结协作，共同育人；敬业乐教、勤业精业，职业育人"。藉此而论，可谓社会主义教师道德规范已初步确立。但现实问题是，当教师是否把这些规范内化成了自身的思想，是否主动接收而整合成了自我职业德行，回答就不可尽然，即教师职业道德规范与相当部分教师的职业思想和德行是存在差距的。这就提出了教师对职业道德的适应性问题。

（一）必然性

道德，是以社会舆论、内心信念和传统习惯调整人与人之间、个体与集体之间、个人与社会之间的思想和行为规范的，是人们行为的准则。而教师职业道德则是调整教师之间、教师与学生之间、教师与学校领导之间、教师与家长之间和教师与社会各方面关系的行为准则。既然是准则，就对教师的言行具有规定性和约束力，反映出社会和阶级的共同意志。它要求致力于这一行业的人们必须适应，必须遵从。

这既是基础的，又是必然的，否则就失去了居于教师职业的资格。当今统一规范的大、中、小学的"教师资格证书"，其中，职业道德就是重要的"资格"之一。机制的"约束"就形成了对教师"他律"的共同氛围。教师职业的特点，决定了教师对其职业道德的必须适应性，同时，社会对学生规格的要求，也潜在地使教师遵从，适应其职业道德成为必然。社会需要的学生必须是品德高尚、智能充分、身心健康的建设者和接班人。而学生这些素质的养成，取决于给他们营养的教师的综合素质。师道不立，其教不成，学生的成才也就成为无源之水、无本之木，进而是不可想象的。从这一点出发，也必然促使教师去修身、养德和种德，以契合教师的角色，满足对象的需要。

（二）必要性

道德他律，是外因，解决的是该做什么、应做什么的问题；道德自律，才是内在和根本的。解决的是主动做什么，积极做什么的问题。完成道德他律向道德自律的提升，是教师职业道德得以养成的理想境界。但综观教师队伍的现状，虽主流是好的，可一些或缺现象也确实不容忽视。可以毫不讳言，一部分教师的职业道德尚处在开发时期或他律阶段，相当部分游离于他律向自律的过渡阶段，完全处于自律阶段的绝对不在多数。

多年翻着"老黄历"，在课堂上吟念着千年不变的教条者有之；不买新书、不看新书、疏于信息获取者有之；教书不用功；只教书，不育人，当"教书匠"者有之；不关心学生，不了解学生者有之。凡此种种，不一而足。

这就客观地要求加强对教师的职业道德规范的教育，使教师对自己所从事职业的道德认识、道德情感实现升华，并逐步形成自己坚定的道德意志和规范的道德行为，自觉使自己的观念、思想和行为与教师的职业道德相适应，克服与职业道德相悖的失范行为。要达到这一点，是一个不易的事情。一方面，需要全社会都来重视教师职业，使之真正成为人们羡慕的职业，另一方面，加强对教师在职培训和继续教育，既把教师当作教育过程中的主体，又把教师置于受教育的客体地位，渐次使教师的职业道德规范顺应或同化为教师的个性品质。

适应，既反映外在的要求，又体现了教师主动的意愿。主动的意愿程度越高，外在的约束力越小，"适应"的质量就越好，周期就越短，教育事业和学生就越受益。

二、教师对其职业道德的超越

教育的超越不是超过，不是跨过，超越的核心和本质，是赋予人所独具践行的能力。教师对其职业道德的超越，不是把着眼点放在"接受"和"适应"既定的职业道德规定的水平上，而在于发挥自己的主体作用，"改造"和"超越"并善于利用已有的规范。在教学和非教学过程中对学生施以师德影响，使受教育者在客观和主观的改造、发展、批判过程中，素质得到全面的提高。

如果说教师对其职业道德的适应，反映了教育的基础规定性。那么，超越就是能动地扬弃这种规定性，积极提升这种规定性。扬弃和提升，意味着教师对职业道德的适从已由必然走向自由，由顺应走向综合。这是教师职业道德最完美、最有价值的归宿。

（一）教师对其职业道德超越的主动性

职业道德一经形成，就有相对的稳定性，但这种稳定不是一成不变的稳定，而是动态的稳定。随着时间的推移，以及社会对人才要求的规格嬗变，教育客体的素质构成就应相应出现一些变化，进而对起主导作用的教师职业道德的内涵提出调整的需要，使职业道德的规定性出现数的增加或明显地减少，即出现职业道德内涵量变的可能。这时，教师为师之道就不是对原有教师职业道德的被动适应，而是面对现实，实现自我道德践行的超越，自觉地认识、掌握、扬弃现实客体的限制和制约，把符合现代主流思想、主流精神的道德规范融汇在师德中来，增加教师职业道德的含金量，能动地对教育和教育对象施加影响。教育的这种主动超越，主要得益于教师自觉养成的道德情感和道德追求，即教师赋予教师职业的道德价值。赋予的价值程度越高，教师实施超越的主动性越强。

（二）教师对其职业道德超越的现实性

教师职业道德的养成，目的不在于独善其身，而在于"兼济天下"。就其现实性上讲，为了培养社会需要的、合格的优秀人才。但这种现实性，并不意味着必然，教师有职业道德只为这种现实提供了可能性。同样有职业道德、职业理想和职业规范的教师，有的把自己的职业道德外化得淋漓尽致，学生也大受裨益；有的虽千方百计，却难使学生认同或受益。前者把可能性变成了现实性，而后者则仍为孕育着现实性的可能性。这当中的关节点，就在于教师在实现职业道德的手段、途径与学生现实需要对接的是否一致性，依此可以说，教师对其职业道德超越的现实性，实质是对教师职业道德外化可能性的超越，通过人的主体作用，把教师职业道德外化的可能性，变成学生道德养成的现实性。

（三）教师对其职业道德超越的开放性

教师这一主体，在现实世界中，充当着多重角色，既充当了教师的角色，又充当着家庭成员和社会成员的角色。作为教师，要有教师的职业道德；作为社会成员，应有社会公德；作为家庭成员，应有家庭美德，这三个侧面的道德集于主体一身，它们不是孤立地、封闭地发挥其功效，而是相互联系，互动地发挥着作用。决不会说对教师职业道德的自觉遵从者，会不遵从社会公德和家庭美德。同样地，也决不会说社会公德和家庭美德的积极践行者，会轻视或否定教师职业道德。事实上，教师在充当其他道德主体时，其道德角色的完成，对实现教师职业道德起着巨大的辅助作用和推动力，使教师道德角色更加丰满、更加完善，在对道德客体施加影响时，更具渗透力、感召力和说服力，让道德客体感受到自己的教师不但是"经师"和"人师"的典范，更是自身道德社会化的楷模。从这一意义上说，教师对其职业道德的超越，在于教师不仅要完成对职业道德的躬行践履，而且还要完成其他道德角色的塑造。这就是教师对其职业道德超越的开放性。

三、适应与超越的几点构想

适应，是对教师完成职业道德角色的一般要求，超越，则是对教师道德主体发展的规定性和前瞻性，二者处于教师道德水平的不同层次上，都是对教师的道德要求和教师自觉遵循的发展道路，教师要完成并实现职业道德的适应与超越，至少有如下工作要做：

（一）价值赋予

这里的价值赋予，即是教师要对教师职业道德赋予一定的价值，这是教师对其职业道德适应的前提，具体地讲，就是教师要正确认识自己所从事职业的重要性、不可缺性，以及自己践行的职业道德的社会性、塑造性和未来性，进而产生一种神圣的责任感、历史感和光荣感，于是赋予自己所从事职业的道德价值。教育心理学的价值理论表明，这种赋予的价值越大，教师就越热爱自己的职业，对从事的职业认同度就高，对其应具有的职业道德吸纳度就大，适应其职业道德的周期就越短，敬业精神和乐教意识就越充分。在这种积极的价值赋予的长期作用下，必然实现职业道德的能动超越。

（二）外在牵引

教师对教师职业道德价值赋予，并不完全是由教师自觉地产生的，而是与外在的综合牵引相关联的。外在的条件和氛围，为教师对其职业道德的适应和超越起着相当重要的作用。首先，全社会应努力形成尊师重道的好风气，使教师因从事了太阳底下最崇高的事业而感到自豪，乐教思教，把当好一名老师作为报答社会的内在追求；其次，全社会积极开展对教育和教师的良性道德评价，既不拔高要求、求全责备，又不降低水准、放松要求，通过舆论和引导，促成教师职业道德水平自觉提升。

第三节　自律：师德建设的重中之重

教师的素质如何，直接关系到我国科教兴国战略的实施，关系到21世纪我国教育事业的改革与发展。多年的教育实践表明，培养全面发展的合格人才，要靠教育者的教学行为和道德行为相结合才能达到目的，因为教师的理想信念、敬业态度、为人处世、道德情操、文化知识等都会对学生产生直接或潜移默化的影响。"为人师表"要求教师时时处处为学生做出榜样，包括日常言传身教的一切行为。教师的言行必须高度自律，即使细微之处也应表现出"为人师表"的风范。

培养人才是个系统工程，是综合性劳动的成果，不是哪个老师的个人功劳，学生的成才是由各级学校、家庭、社会共同培养的。出了人才，也没有劳动成果的独享性，不可能像出本书那样有个人的版权，能获得直接的经济实惠。因此，教师应该具备比常人高尚的道德情操。在当前，加强教师队伍建设，尤其加强师德建设具有重要的现实意义。

当代高等教育的任务不仅仅是培养适应社会发展的人才，更应培养能够建设、推动社会进步的创新人才。教师要把优秀的传统文化和当前世界发展的前沿科技知识传授给学生，更要用自身完美的行为感染学生、影响学生。所以，既然选择了教育事业，教师就应该努力加强个人修养，不断完善自己，以高尚的道德为人师表。

因此，必须加强师德建设，而在师德建设中，严格自律是重中之重。

教师是师德建设的主体，应自觉加强自身职业道德修养。

作为一名教师，既要以学问教人，又要以道德教人，即所谓"明德"。这是中国教育的优秀传统。儒家的经典著作《大学》开宗明义就说："大学之道，在明明德，在新民，在止于至善。"所谓"明明德"，便是要发扬受教育者自身所具有的"明德"，也就是以道德教人的意思。当然，对于"大学"的含义，古今会有不同的理解。儒家认为"大学"是教人高尚道德的学问，而近代则有人认为"大学"就是有大师之学，如梅贻琦在一次演讲中说过："所谓大学者，非有大楼之谓也，有大师之谓也。"其实这两者并不矛盾，所谓大师，不但学问要大，道德也应是高尚的，他们在以学问教人的同时，也往往以其高尚的道德感化着学生。应树立为国家、为民族培育英才的思想，而不是为了谋求个人的利益。

教师要"为人师表"，就要严格"自律"。

教师处于教书育人的岗位上，是先于学生学习了大量的社会、政治、经济的理论和丰富的科技知识，而后成为教师的；教师教育的对象，相对地是一些年纪轻、阅历少、知识欠缺的人。因此，教师的作用在于"教育"学生，引导学生学会生存、生活、做人和与人合作。中国传统文化中的一些优秀道德观念，经过现代转换，都是可以用来教学生的。如"天下兴亡，匹夫有责"的爱国主义思想，"天行健，君子以自强不息"的人生进取精神，"地势坤，君子以厚德载物"的博大胸怀，"舍生取义"的高尚气节，"富贵不能淫，贫贱不能移，威武不能屈"的大丈夫品格，以及信、义、诚、达、礼等一些优秀的人格层面，这是做人的根本。正如明清之际的思想家孙奇逢所说，教人读书，首先要使受教育者"为端人，为正士，在家则家重，在国则国重，所谓添一个丧元气进士，不如添一个守本分平民"。

教师自身须具备较高的道德水准，而且既要言教，又要身教，身教重于言教。这无疑也对教师提出了更高的要求。教师要"为人师表"，核心是树立正确的世界观、人生观和价值观。要特别强调教师的自重、自省、自警、自励、自强，以身作则，言行一致。要学生做的，自己首先要做到：禁止学生做的，自己坚决不做，在行动上为学生做出表率。

首先，教师要成为追求真才实学的榜样。教师不能满足于先学于学生，而且要坚持继续学习，坚持终身受教育。随着形势的发展，高科技突飞猛进，让人感觉到一停止学习，就会落伍。当今的时代，人们只有具备了学习的能力，具备了可持续发展的能力，才能获得生存的社会位置。教师不但要自身保持一种勤奋学习的能力，还要把这种学习能力无私地传授给自己的学生。

再则，要解放思想，开拓进取。教师要善于继承、汲取民族精华，并赋予时代精神，吸收古今中外的先进经验和优秀文化，体现中国特色，显示我们"自立于世界民族之林"的优势。教育学生敢于思考，敢于创新，既要打好人文基础，又要打好科技素质基础。

第三，教师要成为遵纪守法的模范，教师时时处处要以大局为重，克服个人主义，自觉遵守宪法和社会公德守则，遵守校纪校规，以模范行为为学生做出表率。社会主义市场经济是法制经济，时代和国情特色要求教师不但自身懂法，还应教育学生守法。因此，教师要认真学习党和国家现行的各项方针政策和社会主义市场经济的法律条文，强化法制观念，在学法的同时，要懂法、守法、护法、以身作则；在学生中宣传政策和法律条文时，就会受到双重的教育效应。教师要教育学生懂得当代社交的一般常识，讲究精神文明和社会公德，注意礼貌，平等待人，首先自己要做出表率。

教师在职业道德修养上还应处理好几个关系：道德认识与行为的关系，义务与权利的关系，竞争与合作的关系。当今时代，人们特别强调培养人才的合作精神，教师更应该在这方面为学生做出榜样。

第四节 教育信念：师德建设的必然要求

教书育人，为人师表是教师职业道德的核心内容和本质要求。教育工作是一种以人格来培育人格、以灵魂来塑造灵魂的劳动，是一种人与人之间全面接触、相互作用的劳动，是一种"做人"与"育人"

密切联系、内在统一的劳动。徐特立有句名言："做教育工作的人，一般总是先进分子。"因此，教师必须具有良好的职业道德，而教师崇高的职业道德来自于坚定的教育信念。

所谓教育信念，是教师对教育事业、教育理论及基本教育主张、原则的确认和信奉。教育信念是教师的精神追求和奋斗目标，是教师提升素质的关键所在。教育信念的集中表现是教师对教育工作高度的责任感和强烈的事业心。一个教师只有当他认识到自己从事的事业对祖国和人民是一种不可推卸的责任时，他才会不遗余力地去干好它。教师的责任感在于把培养教育好每一个学生作为自己神圣的职责，这种责任感要求教师不仅要教好书，而且要育好人；不仅要对学生在校期间负责，而且要对他的终身负责。这种高度的责任感，促使教师为教育事业尽心尽责。

事业心是一种坚定的职业信念，是对自己所从事的事业的执着追求。对于一个人来说，事业心是他成才的起点。教师的事业心就是坚信自己所从事的教育工作是崇高的事业，因而一心扑在事业上，下决心要在教育工作中做出最大的成绩和贡献。这种事业心是教师最可宝贵的品质，是做好教育工作的精神动力。

教师的教育信念具有专一性、稳定性、执着性等特点。教育信念一经确定难以改变，从而造就了教师所特有的道德人格。只有这种道德人格的魅力才是实现有效教学的最重要的力量所在。教学工作的魅力在很大程度上来自于学生所感受到的教师的人格魅力。在教学工作中，无论是感染学生，还是引导学生，首先要使学生信服，这种信服力正是通过教师的人格魅力来实现的。

教育信念是教师在教育过程中评判自己行为善恶的内在力量。当他感到自己的行为符合职业道德要求时，就会产生一种快乐、欣慰的情感，从而得到精神上的享受和满足，并进而产生新的力量和信心，不断进取。在教育实践中，许多优秀教师由于确立了坚定的教育信念，他们不计个人得失，任劳任怨，敬业爱生，教书育人，为教育事业、为学生的健康成长，奉献出自己的一切，创造出闪光的业绩。因此，教师树立坚定的教育信念，是师德建设的必然要求。

第五节　名家师德观与师德建设

一、孔子师德观带给新时期师德建设的影响

孔子是我国春秋战国时期伟大的思想家、教育家。他兴办私学，广纳弟子，打破了"学在官府"的贵族教育制度，为当时社会培养出了许多的人才。他在学习与从教的过程中，形成了独具特色的师德观，研究孔子的师德思想对新时期教师师德观的确立大有裨益，有利于推动教师增进博学意识，加强爱生情怀以及更好地树立教师的示范形象，从而加强当今的师德建设。

（一）孔子师德观的主要内容

孔子在从教生涯中爱岗敬业，以从教为乐，热爱学生，诲人不倦。并且，他在实践中摸索教学方法，形成了许多独具特色且行之有效的教学方法。

1. 诲人不倦的乐教精神。"诲人不倦"是教师道德的重要内容，作为教师，应热衷于教育事业。孔子在游学中受尽冷遇，甚至曾遭到武力威胁，正是秉持对教育事业坚定的信仰，使其在驳杂纷乱的动荡中能抵制诱惑，经受住了生存压力与困境的严峻考验，安于贫困，诲人不倦，乐在教中，彰显了教师崇高的职业道德精神和健康积极的良好

职业心态，为社会发展做出了巨大的贡献。

2. 无隐无私的仁爱情怀。孔子主张教师以仁爱之心"泛爱众"，应以一颗仁爱之心来对待所有的学生。人与人之间没有天生的等级差别，不应对个别予以歧视，他提出了"有教无类"的主张，认为对待学生要一视同仁。孔子办学，不分阶级，不分地域，不分贫富和智愚善恶，只要虚心求教，都予以热心地教导。处于学在官府的时代，这种有教无类的办学思想具有划时代的意义。

3. 灵活有效的教学方法。孔子依学生的不同情况，有的放矢地进行教育教学活动，因材施教是其重要的教学方法。孔子根据学生的能力和智商的不同，确定不同的教学内容和进度。孔子认为教师要讲究教学方法，善于启发学生的心智，循循善诱又是其另一个重要的教学方法。孔子根据教学内容的客观顺序，考虑到学生的接受能力一步步地进行诱导，使学生能够由浅入深、由近及远有步骤地学习，使学生在形成愤、悱的心理状态下启发其独立思考，使其将所学知识融会贯通，从而不断提高学生认识能力和实践能力。这说明孔子作为教师"其教育技巧之高，它像一块磁性很强的吸铁石，使学生能够紧紧吸在自己的周围，弥散着一种强力磁场，展现出诱人的魅力"。

4. 孔子注重自己的身正修养，不仅为学生树立了率先垂范的榜样形象，也为后世为师者提出了要求。正所谓："教材不是最好的课程，大师才是最好的课程。"孔子不仅善于学习，善于教学，还积极践行其作为教师的"示范者"的作用，他克己内省，注重知行合一，对学生起到了身教影响。

（二）孔子师德观对当今教师师德建设的启示

孔子的师德观思想丰富，他博大精深的教育思想和独特的人格魅力，也为后人树立了一个鲜活的至圣先师的形象。在当今师德建设面临种种问题的背景下，深刻阐释孔子的师德思想，体会其终身学习、忠诚乐教、为人师表的精神，继承和发扬孔子的师德思想，借鉴其教育教学及修身思想之精华，对于当今教师的形象塑造和师德修养的培养有着重要的现实意义。

1. 教师要深化博学意识。孔子之所以能成为令人高山仰止的一代宗师，与他终身好学乐学紧密相连。孔子的好学和终身求学不止的精神，对信息多元化的今天更具现实意义。这昭示了作为教师应首先是一个终身不辍的"学"者，拥有广博的知识，这也是作为教师职业道德要求的一个基本内容。在越来越注重知识学习的现今社会，幼儿教师的传统角色也面临着巨大挑战，如果不抱有终身学习的坚定态度并付诸行动，如果不广泛涉猎，深入探究，不断更新而依然故我，教师有限的知识信息库将逐渐被掏空。实践也证明，知识渊博的教师往往赢得学生的信赖和爱戴，因为教师的丰富知识不仅能提高学生的精神境界，而且能激发他们的求知欲。前苏联教育家马卡连柯说过："学生可以原谅教师的严厉、刻板甚至吹毛求疵，但是不能原谅他们的不学无术。如果一个教师不能完善地掌握自己的专业，就不能成为一个好教师。"教师既要从横向上不断拓展知识面，尽可能地多了解本专业以外的知识，争取做到"博"，又要从纵向上挖掘专业理论深层次的东西，不断探索，进而达到"渊"。

2. 教师要坚定职业信仰。孔子一生从教，他关爱学生，热爱并致力于教育事业。他的重教、爱教、专心致志地教，都体现了他作为一名教师所具有的坚定的职业信仰。信仰是人精神世界的支柱，是自身行动的指南。一些教师在日复一日的重复劳动中，有相当数量的教师面对相对不高的社会地位和相对不高的收入以及来自方方面面的压力，产生了令人忧虑的职业倦怠，情绪处于极度疲劳状态，工作热情丧失，以消极、否定或麻木不仁的态度对待工作对象，评价自我的意义与价值的倾向降低。而纵观孔子坎坷的生命历程，绝大部分时间都颠沛流离，贫困艰辛，正是坚定的职业信仰作为强大的力量支撑他终生为师，无怨无悔。这让我们看到，只有坚定教育信仰才能做到真正地热爱学生，真诚关爱学生，这是教师从事教育事业所必备的职业道德素质。教师在教育活动中，要尊重学生的人格，要全面地关心学生，一视同仁地对待所有学生。

3. 教师要树立示范形象。学高为师，身正为范，孔子是学高身正的教师典范。孔子认为身教重于言传，孔子在他的整个的教育生涯里，始终克己内省，行胜于言，使弟子无不"仰之弥高，钻之弥坚，瞻之在前，忽焉在后"，真正践行了教师的示范作用。当今，教师的这种身先示范的作用对学生的影响仍不可忽视。教师要身体力行为学生树立好学善学的榜样形象，更在于教师的以身作则对学生道德人格的塑造起到潜移默化的重要作用。因为教师的责任不仅是传授给学生知识，更在于教会学生做人，而教师的崇高的道德品质，是推动学生追求高尚品质的力量，教师道德表率是学生道德塑造的最好途径。由于教师这一职业活动对象的特殊性，教师必须加强个人修养，当好以身作则的"示范"者。教师职业不同于其他社会职业，教师是用自己的知识、品格、言行等直接去影响学生。学生正处于思想、情感、性格等尚未成熟稳固的形成发展阶段，易受外界影响，普遍有乐于接受教师指导，愿意观察和模仿教师言行，并以教师为表率的特点。所以，教师更要加强自身的素质培养，强化修身意识，严格要求自己，言行一致，以自己高尚的品格、言行去影响学生。

总之，孔子的师德思想是中华民族传统教育思想文化体系中的宝贵遗产。孔子开展教育，弘扬师德，他终身求学而不懈怠的学习意识，忠诚教育事业的态度以及为人师表身先示范的身教作用，为历代教师树立了典范。孔子的师德思想对于当代教师的师德建设有着重要的启示，学习和继承这一思想对当今的师德建设有着重要作用。

二、陶行知教育思想与教师师德建设

陶行知是 20 世纪中国伟大的人民教育家。他的教育思想博大精深，包括教育理论、教育思想、教育实践等方方面面，是我们当前教育工作者学习的丰富宝库。陶行知的"人生为一大事来，做一大事去""捧着一颗心来，不带半根草去""甘为骆驼"的献身精神，"千教万教教人求真""学高为师、身正为范"的至理名言，"爱满天下"的深厚感情，让人感到了人民教育家的伟大人格和崇高师德。他就是我们教师的至尊至善的师德楷模，是后人的万世师表。我们要学陶、师陶，许身孺子，甘当"骆驼"，以育人为己任，为教育事业多作贡献。

（一）"捧着一颗心来，不带半根草去"

陶行知先生的师德首先表现在"捧着一颗心来，不带半根草去"的献身精神上，这种精神来自他对社会的高度责任心和对教育的事业心。他认为：人生"为一大事来，做一大事去"，而"教育就是大事业，有大快乐"。他对教育事业的理解是"教育乃最有效力之事业""教育能改良个人之天性。人之性情有善有恶……教育乃取恶性中之善分子，去善性中之恶分子。如开矿然，泥内含金，金内亦杂有泥，开矿者取泥内之金，去金内之泥，然后成为贵品。教育亦若是矣""教育为最有可为之事，古今名人莫不由研究教育而出"。他列举了达尔文、杜威、威尔诺刻等"皆有研究教育而出者也。但须有决心、有坚志，则成事何难?"陶行知在"师范生应有之观念"一文中，引用了"昔英女皇依里萨伯终身不嫁，人问之故，辄以英吉利即吾之夫一语以对;意相加富尔终身不娶，人问之故，辄以意大利即吾之妻一语以对"的故事"告于诸君":"男师范生应以教育为之妻，女师范生应以教育为之夫，有此定力，则赴汤蹈火，在所不辞，鞠躬尽瘁，死而后已。……海可枯而吾之志不可枯，石可烂而吾之志不可烂。"陶行知明知"教育是无名无利且没有尊荣的事，教育者所得的机会纯系服务的机会、贡献的机会，而无丝毫名利尊荣之可言"。而他还是认定教育是他人生的"大事业"，非得终身从事不可。教育是"无名无利无尊荣"的事，它需要人们全心全意的服务，忘我无私的贡献。陶行知为中国现代化而生，为中国现代化而死，他为中国现代化无私奉献。

（二）学高为师，身正为范

"学高为师，身正为范"是陶行知先生的一句名言，意即身正才能师为人范。他道出了作为一名合格教师，除了要有扎实的专业知识，较高的文化水准外，更重要的是要求教师应有良好的道德素质。陶行知指出:"教师的道德品质，不仅是规范自己行为的需要，更重要的是用于教育学生的需要，教师职业的特殊在于育人，不仅用自己的学识育人，更重要的是以自己的德育人，不仅通过自己的语言去传授知识，而且要用自己的灵魂去塑造学生的灵魂。"陶行知主张教师要以身作则，"要学生做的事，教职员躬亲共做;要学生学的知识，教职员躬亲共学;要学生守的规矩，教职员躬亲共守，深信这种共学、共事、共修养的方法是真正的教育"。以不倦的教诲，循循善诱，培养学生良好的道德情操。陶行知先生是这么说的，也是这么做的，他毕生致力于大众教育事业，一生中他处处以身作则，做学生的楷模。他为自己定下的师德标准，即"科学的头脑、农民的身手、改革社会的精神"。陶行知先生一生以身立教，辛勤耕耘，培育桃李，为人民的教育事业做出了巨大贡献。

（三）"千教万教教人求真"

陶行知的师德还表现在教书育人的统一上。他认为"先生不应专教书，他的责任是教人做人"。所以教师应该把育人放在第一位，做到"千教万教教人求真"。"教育者不是造神，不是造石像，不是造爱人，他们所要创造的是真善美的活人。"教师不能只当"经师"，只传授几本教科书，让学生死读书，读死书，以致读书死，而要当博学多能的学者和"人师"，他的"一言一行，一举一动都要修养到不愧为人师的地步"。教师的教要求真，学生的学也要求真，教师"教人求真"，学生"学做真人"。他指出了"求真"是教师道德的真谛，也是教师道德的目标，他说：教师要教人学会做人，求"真知"、做"真人"，这个人，要是一个"整个的人"，不是缺这少那的人，是要做"为一大事来，做一大事去"有高尚品德，筑起人格长城的人，是从人民中来又到人民中去，"人民第一""一切为人民"的"人中人"。是改造自然，改造社会，创造"合格人生"的人，是敢于开拓，勇于创新的人……生动而深刻的论述，对于我们当今教育工作者用现代化教育来培养现代化人才具有重要的借鉴价值。

（四）甘当骆驼的精神

陶行知的师德还表现在甘为骆驼的艰苦奋斗精神上。"为了苦孩，甘为骆驼。于人有益，牛马也做"，是陶行知的办学心愿。他认为中国是穷国，办教育要采用穷办法；中国是半殖民地半封建社会，在黑暗的反动势力下，办教育要不怕碰钉子。在反动派封锁迫害下，育才学校眼看就要办不下去，朋友劝他放弃"育才"，不要"抱着石头游泳"的情况下，陶行知却说："我是抱着爱人游泳，越游越起劲，要游过急流险滩，到达胜利的彼岸。"他就是这样以乐观态度和坚定信念去面对和克服巨大的困难的。陶行知认为："人生是患难与欢乐所织成的，追求真理的人以与患难搏斗为乐。"他要求人们，也要求自己"平时要以'仁者不忧，智者不惑，勇者不惧，达者不恋'的精神培养学生和我们自己，有事则以'富贵不能淫，贫贱不能移，威武不能屈，美人不能动'相勉励"勇往直前，决不动摇。

（五）爱满天下的情怀

陶行知的师德还表现在爱满天下的深厚情感和学生观上。他认为"爱是一种伟大的力量，没有爱便没有教育"。他一生中办的每一所学校都是从爱里产生出来的。他爱祖国、爱人民、爱儿童、爱青年、爱科学、爱民主，爱一切真善美。教师要有"爱满天下"的胸怀，热爱每一个学生，这是陶行知的人生格言。陶行知的爱，是高度理性的升华，是深厚感情的集中体现。作为教师都应该奉献爱心：爱事业、爱学生、爱钻研，而爱学生是三爱的核心，他提醒我们"你的教鞭下有瓦特，你的冷眼里有牛顿，你的讥笑中有爱迪生"。一个不肯对学生奉献爱心的人怎么能在教育岗位上敬业、乐业、精业？

当今社会，随着社会的进步和教育事业的发展，教育在我国政治、经济、文化中的基础性作用日趋显著，抓紧抓好教师职业道德教育，建设一支高素质的教师队伍成为教育事业发展的关键。教师肩负着培养具有共产主义理想和道德品质的一代新人的重任。教师的思想品质、言谈举止成为学生学习和模仿的对象，无时无刻不在对学生的成长产生潜移默化的影响。所以我们的师德建设，不能仅仅停留在嘴巴上和书面上，更重要的是要使师德规范化为每个教师的自觉行动。陶行知的教育思想博大精深，包括教育思想、理论、实践方方面面。他的"人生为一大事来，做一大事去"的创新精神、"捧着一颗心来，不带半根草去"的献身精神、尽心竭力不求所报的服务精神、诲人不倦为人师表的育才精神、勤奋好学开拓进取的拼搏精神等等的优秀思想升华为行知精神，对我们现今的教师良好师德的形成具有积极的启迪和指导意义。我们要宣传陶行知，学习陶行知，像陶行知那样热爱学生，许身孺子，甘当"蜡烛"与"春蚕"，以育人为己任，为教育事业多作贡献。

案例：

陶行知先生在育才学校当校长时，曾经发生过这样一件事情：一天，陶行知在校园里看到学生王友用泥巴砸自己班上的男同学，陶行知立即制止了他，并让他放学后到校长室去。

放学后，王友早早地来到校长室门口准备挨训。这时，陶行知走过来了。他一看到王友，就掏出一块糖果递给他，说："这是奖给你的，因为你按时来了，而我却迟到了。"王友惊愕地接过糖果，目不转睛地看着陶行知。这时，陶行知又掏出一块糖果递给王友，说："这块糖果也是奖给你的，因为当我不让你再打人的时候，你立即就住手了，这说明你很尊重我，我应该奖励你。"王友更惊愕了，他不知道校长到底想干什么。

这时，陶行知又掏出一块糖果放到王友的手里说："我已经调查过了，你用泥块砸那些男生，是因为他们不守游戏规则，欺负女生。你砸他们证明你很正直善良，并且有跟坏人作斗争的勇气，应该奖励。"

王友听了非常感动，他失声叫了起来："校长，你打我吧，我砸的不是坏人，而是自己的同学呀!"陶行知满意地笑了，又掏出一块糖果递给王友，说："你能正确地认识错误，这块糖果值得奖励给你。现在我已经没有糖果了，你也可以回去了。"

陶行知的这四块糖被称做滋养学生心灵的"精神糖果"，成为激励学生自省、自律、自强的精神力量。

第四章 师德标准

第一节 优秀教师的标准

据调查，学生们最渴望的不是老师讲课能力多么强，而是老师能与自己有共同语言。在调查问卷中，学生与家长对优秀教师标准的看法并不一致。"与学生能有共同语言，能与学生互动、交流"，排在了学生选择优秀教师标准的首位，而紧随其后的是"了解学生的内心，相信每一个学生，不抛弃，不放弃"。在家长看来，"学识广博，教学严谨，方式得当""上课有激情，语言幽默有趣，简单易懂""善于与孩子沟通，理解和尊重孩子，了解孩子"，分别排在了优秀教师标准的前三位。

学生制订的优秀教师标准

1. 与学生能够有共同语言，能够与学生互动、交流，课上课下都能融入学生中，走进学生心中。

2. 了解学生的内心，相信每一个学生，不抛弃，不放弃。

3. 善于管理，要求学生严格，负责任，对工作尽职尽责。

4. 把学生当作自己的孩子，和蔼亲切。学生犯错时，以语言开导。

5. 平等对待每一个学生。

6. 对于学生给教师指出的不足，教师能虚心接受并改正。

家长制订的优秀教师标准

1. 学识广博，教学严谨，方式得当。

2. 上课有激情，语言幽默有趣，简单易懂。

3. 善于与孩子沟通，理解和尊重孩子，了解孩子。

4. 不因孩子犯错而过多惩罚，而是教导他学会正确处理事情。

5. 对待孩子像自己的子女，有事与家长及时沟通联系。

6. 善于发现学生的积极因素，点燃孩子内心闪光的火苗。

7. 不抛弃，不放弃任何一个孩子，尽职尽责。

8. 无论孩子的问题简单还是繁杂，都认真讲解。

9. 脸上常挂有微笑，亲切。

10. 严而有情，既有慈母般的爱，又有严父般的要求。

教师制订的优秀教师标准

1. 热爱教育事业，有责任感和使命感，敬业上进；具有高尚的情操和人格；正直善良；教风清正廉洁，衣着得体，语言文明。

2. 关爱每一个学生，公平公正，"师者应有父母心"；对学生"宽严有度，关爱有加"；允许学生犯错，对不同学生能采用不同方法教育，对学生终身发展有积极的影响。

3. 博学勤奋，具备坚实的专业知识、教育理论和高超的教育教学水平；认真备课，课堂设计合理有趣，教学方式多样；有自己的教学特色和个性魅力。

4. 充满激情和活力，善于和学生沟通；语言幽默，口才好，课堂气氛活跃。

5. 永不满足，喜爱钻研，善于反思；热爱读书，善于学习；创新意识强。

6. 自觉遵守法律法规，关心维护集体，善于合作，与师生、同事、家长建立良好的关系。

7. 轻负担，高效益，教学成绩好。

优秀教师的十大标准

第一，终身从教的献身精神。

把教师工作当终身事业；终生献身教育事业；甘为平凡，无悔奉献。

第二，认真执教的敬业精神。

教师要有敬业精神。认真执教是敬业精神的最好体现。

第三，爱生如子的园丁精神。

新时代的园丁精神的核心就是爱。师爱要面向全体学生；爱还要讲究方法和艺术。

第四，不甘人后的拼搏精神。

教师要自强不息，在岗位上拼搏；追求卓越，做学生的榜样；拒绝平庸，做有思想的教师。

第五，不计得失的奉献精神。

奉献是教师的天职。师魂在于奉献，把奉献落实在行动上；爱是教师最美的奉献，奉献首先要把本职工作做好，做个无悔的奉献者。

第六，互相合作的团队精神。

教师需要团队精神。

第七，与时俱进的创新精神。

树立创新教育的理念。教师观念要创新，教学有法，教无定法，贵在得法；与时俱进，做个智慧型教师；教师要有不断学习的精神。

第八，躬身垂范的表率精神。

榜样的力量是无穷的，要求学生做到的，教师先做到；表率无巨细，做好小事情即真教育；做好表率，从严格的自我要求做起。

第九，刻苦钻研的钉子精神。

时代呼唤钉子精神。刻苦钻研业务是教师专业成长的需要；善钻善挤，学无止境。

第十，勇挑重担的实干精神。

多抢挑重担，少推卸责任；实干是事业成功的基础；好学乐教，不计个人得失；实干还要巧干。

第二节　师德规范的法规分析

从 1984 年第一次颁布《中小学教师职业道德要求》（试行）至今，我国共四次颁布教师职业道德规范，这是一个从无到有、继承与发展的过程。《中小学教师职业道德规范》的颁布与修订有效提高了教师职业道德素养。通过分析，得出规范的六个走向：由他律走向自律，由理想走向现实，由一统走向分层，由宽泛走向专一，由随意走向科学，由难行走向操作。随着师德建设的发展，这些走向必将推动规范步入一个新的高度，使规范从规范对象、名称、内容到时限发生整体的变革。

从 1984 年至今，我国共四次颁布了中小学教师职业道德规范。回首二十余年间，师德建设经历了一个继承和总结优良传统、实践经验，形成师德规范化、制度化成果，进而不断完善与发展的过程。《中小学职业道德规范》的发展历程中，在传承优良师德品质的同时，也反映出了教育实践中存在的各种师德问题，更体现了我国当今师德建设的研究进程。在第四次颁布《中小学教师职业规范》之际，对规范的发展脉络进行梳理总结，不仅有助于规范的学习与贯彻，也有助于师德建设的研究，最终促进教师队伍素质的不断提高。

一、《中小学教师职业道德规范》历史沿革

（一）1984 年颁布的《中小学教师职业道德要求》（试行）

1984 年 10 月 13 日，教育部、全国教育工会颁布《中小学职业道德要求》（试行）（以下简称《要求》）。颁布《要求》的"目的是为了提高教师的社会主义觉悟和共产主义道德情操，把青少年培养成有理想、有文化、守纪律的一代新人"。《要求》全文（含标题）共 267 字，分为 6 条。主要包括的内容：爱国爱党，热爱教育事业；执行教育方针，教书育人；认真学习，努力提高业务水平；热爱学生，建立良好师生关系；遵纪守法，处理好与学校、家长和社会的关系；注重个人修养，为人师表。《要求》主要调节教师的四重关系：教师作为公民与国家、社会的伦理道德关系，教师与学生的伦理道德关系，教师与学校集体的伦理道德关系，教师与家长等社会群体的伦理道德关系。

《要求》是建国以来正式颁布的第一部教师职业道德规范，开启了师德规范化之路。其特点有三：第一，从宏观角度归纳了时代需要的教师道德品质，缺乏层次性；第二，从理想境界表述教师的职业道德，缺乏操作性；第三，对教师角色职能定位不明，缺乏专业性。

（二）1991 年颁布的《中小学教师职业道德规范》

1991 年，国家教委、全国教育工会结合现实需求对《要求》进行修订后，颁布《中小学教师职业道德规范》（以下简称 1991 年《规范》）。1991 年《关于颁布〈中小学教师职业道德规范〉的通知》中明确指出："教师队伍的思想、政治、道德素质如何，直接关系着我国能

否培养一代社会主义事业建设者和接班人，各地必须予以高度重视。"

1991 年《规范》的核心是坚持社会主义方向，教书育人，精心培育德、智、体全面发展的社会主义新人。其全文（含标题）共 238 字，分为 6 条。主要包括的内容：爱国爱党，加强思想学习；执行教育方针，教书育人；提高理论水平，钻研业务；热爱学生，保护其身心健康；热爱学校，团结协作；注重个人修养，为人师表。主要调节教师的三重关系：教师作为公民与国家的关系，教师与学生的伦理道德关系，教师与学校集体的伦理道德关系。

1991 年《规范》在内容上仍显粗糙，其特点有二：第一，调整后的规范内容在整体上更具有层次性意识。第二，更为明确了教师应处理的几层关系，使规范更具有专业性意识。但其舍去了《要求》中一些有价值的内容，如：没有提及教师与家长的关系。这不得不说是一个缺失。

（三）1997 年颁布的《中小学教师职业道德规范》

1997 年 8 月 7 日，国家教委、全国教育工会颁布重新修订的《中小学教师职业道德规范》（以下简称 1997 年《规范》）。1997 年《规范》颁布的目的在于进一步提高中小学教师的道德素质水平，帮助教师牢固树立科学的世界观和高尚的职业道德，自觉规范自己的思想行为，促使全体中小学教师真正成为人民满意的教育工作者。1997 年《规范》全文（含标题）共 583 字，分为 8 条。主要包括的内容：依法执教，爱岗敬业，热爱学生，严谨治学，团结协作，尊重家长，廉洁从教，为人师表。主要调节教师的四重关系：教师与国家的伦理道德关系，教师与教育系统内群体的伦理关系，教师与学生的伦理关系，教师与教育系统外群体的伦理关系。

1997 年《规范》较前两次师德规范有较大进步。其特点有三：第一，规范较具操作性。它的内容更加具体，时代性也较强，如：教师的廉洁问题等。第二，规范较具专业性。它以职业特征为出发点，论及教师应处理的关系。第三，规范的科学性不高。1997 年《规范》在本质上是前两次规范的细化，仍然存在着结构不完整和内容不系统的问题。

（四）2008 年颁布的《中小学教师职业道德规范》

2008 年 9 月 4 日，教育部、中国教科文卫体工会全国委员会颁布重新修订的《中小学教师职业道德规范》（以下简称 2008 年《规范》）。2008 年《规范》的颁布在于加强中小学教师职业道德建设，提高教师的师德素养。2008 年《规范》（含标题）共 501 字，分为 6 条。主要包括的内容：爱国守法，爱岗敬业，关爱学生，教书育人，为人师表，终身学习。主要调节教师的四重关系：教师与国家的伦理道德关系，教师与学生的伦理道德关系，教师与教育系统内群体的关系，教师与教育系统外群体的关系。

2008 年《规范》是我国步入新世纪后的第一部教师职业道德规范，它集以往三部师德规范之成果，因而更为完善，但仍存在一些不可忽视的缺陷。其特点有：第一，体现了自律与他律的结合。规范出现了肯定教师个体有提高道德修养的能力与要求的取向。第二，体现了理想与现实的结合。对教师现实的道德问题加以重视，不只提道德理想追求。第三，对师德规范科学性的探索仍在发展中。过往的规范中存在的问题仍然没有根本解决，这正是 2008 年《规范》向前追求和探寻的方向。

二、《中小学教师职业道德规范》比较分析

（一）由他律走向自律

回顾二十余年，一次颁布《中小学教师职业道德要求》和三次颁布《中小学教师职业道德规范》的历史，展现了师德建设的发展动态。随着师德水平的不断提高和师德研究的不断深入，师德规范发展的一个显著趋势就是逐渐由他律走向自律。

教师群体是一个特殊的职业群体，受其职业特点要求，教师一般具有较高的文化修养及较强的自觉性和自尊心。但《要求》和1991年《规范》均把教师定位于道德无知者或知之甚少者，以一种道德先导的姿态出现，内容和形式均忽略了教师的特点，偏向他律一极。而1997年《规范》已开始突出教师的自觉自修。在本世纪初，学界提出师德建设的基本原则包括：淡化教育、正面教育、自我教育和激励教育等。以教师为师德主体的思想在规范中直接体现为他律向自律的转化。规范要促进师德生长，就要为教师的自律创造更大的空间。我们有理由相信，由于师德建设中更加强调教师主体性作用，教师自律会是师德规范发展的必然方向。

（二）由理想走向务实

规范是明文规定的标准，是实践的规则，如果失去与实际的结合，规范的存在也就失去了意义。纵观四次规范的内容，由最初只提出抽象师德理想逐渐转变为关注教师的教育教学生活，更具现实意义。

尊重教师角色背后的人，就发现了教师的存在，正视了教师的差异，规范走向务实是师德研究中强调"以人为本"的反映。《规范》的

这一转变能使教师在教育活动中真实感受到规范的存在，比组织教师对规范进行理论学习更能提高他们的职业道德修养。有调查指出，为数不少的教师对 1997 年国家教委和全国教育工会颁发的《中小学教师职业道德规范》表示"不知道"。正如有学者认为，偏重理想性、缺乏现实性的师德规范只会使广大教师内心产生具有距离感的敬畏，致使教师心理压力加剧，并最终因其高远而形同虚设。规范偏向理想一极，是多年来师德研究中理论与实践疏离的病疾。只有放下架子，真正服务于教育现实的规范，才是名副其实的师德规范。

（三）由一统走向分层

现今，师德分层理念已得到普遍认同。教师的师德层次不同，其师德表现必然不同。只有切实解决师德建设中的因层制宜问题，才能更有效地提高师德建设水平。

正如有学者指出，我国师德建设的一个重要问题就在于，过度重视划一性，即用一个标准、一种规范去要求所有的教师必须做到。《规范》应使教师能结合自身道德现状有所思，有所求，促成师德提高。

因而《规范》应具有三个基本层次：理想层次、原则层次和规则层次。以《规范》中关于教师业务学习的内容为例，《要求》内的条目很难适用于全体教师。1997 年《规范》的表述，则折射了师德观的一次飞跃。它承认了教师道德层次的差异和追求境界的差异，在此基础之上，对处于不同道德水平和不同追求阶段的教师给予相应指导。其不足之处在于师德层次的划分仍不明晰，上下之境亦不通达。2008 年《规范》第 6 条的三句话更加体现了《规范》的理想、原则和规则的分层，但这一分层仍有待提高。

（四）由宽泛走向专一

师德规范必须明确的两个基本因素是教师与教师职业。《要求》和三次《规范》从混合公德、私德和职业道德的"大杂烩"走向纯粹的职业道德的过程，意味着更为成熟的师德规范正在形成。

由前文对师德规范调节关系的变化可以看出，师德规范至少应处理好四层关系：第一是教师与国家、民族的关系；第二是教师与同事的关系；第三是教师与学生关系；第四是教师与家长和其他社会教育工作者的关系。这是由教师社会角色的多样性所决定的。

此外，师德规范还应严格划定其范围在教师职业活动之内。师德不是公德，但要与公德保持一致，可以说师德是一般社会道德在教师职业中的特殊体现。师德也不是私德，它应该规范作为教育工作者——教师，但不应干涉教师角色外的个人。师德规范与其他道德规范的界限不清的一个重要原因就在于教师专业化水平太低，随着教师专业化不断提高，师德规范专一趋势更强。

（五）由随意走向科学

如果把师德规范的发展过程称为"师德规范发展史"，那么这段历史折射了我国教育事业的发展进步，凝结着教育科学的研究成果。我们认为师德规范正由过去较大的随意性走向科学性。

师德规范科学性突出体现在规范的制定。首先，制定依据更为科学。随着师德研究的深入，教育学和相关领域如管理学、心理学、社会学等的研究成果更为广泛地应用其中。其次，规范制定人员结构更为合理。规范的制度不再只是官方行为，修订 2008 年《规范》时，教育部已向社会公开征求意见，从而打破了单一制定者的人员结构。第三，制定过程更有序。2008 年《规范》的修订从 2004 年开始历时四年多，这是历史上最长的一次修订，并且首次向社会公开征求意见。这充分体现了规范制定的程序化与制度化。规范走向科学不仅体现在制定中，同时还体现在规范的内容与实施之中。

（六）由难行走向可行

师德水平直接反映在教师的言行之中，规范的作用也体现在教师能依此判断其行为合理与否。这就是说，以阶段性职业行为禁行规定为底线要求，加强制度建设，强化科学管理，使师德建设工作的关键环节和主要内容具体化、规范化、制度化。对师德规范地位意识的转变，促进了规范内容可行性增强的可喜变化。

历次《规范》不断增加了操作层面的内容，不仅对提倡的行为，对"不得"的行为均有具体表述。正如有学者谈到，"应该是什么"是教师职业拥有的必要道德条件，是对教师职业道德行为的最低限度和要求，它是一种必然和必须。此种要求的教师职业道德指向"大多数教师都做得到的道德"，是一种教师职业领域里的"恕道"，是可以被"习知"的。《规范》可行性的增强将会更有效地提高师德水平。

三、《中小学教师职业道德规范》未来前瞻

（一）制定主体的变革

在分析我国师德规范走向的基础之上，我们将对未来的师德规范构建做一点展望。《中小学教师职业道德规范》的制定主体将会变革。它会由教育部与全国教育工会或中国教科文卫体工会转向完全由全国性的教师行业组织制定。

四次师德规范均由教育部（教委）和全国教育工会或中国教科文

卫体工会全国委员会颁布。但在 2008 年《规范》修订时，教育部于 2008 年 6 月 25 日在《中国教育报》上正式征求社会意见。教育部《〈中小学教师职业道德规范〉征求意见》提出"此次修订的《中小学教师职业道德规范》是广大教师共同的行为准则，需要广大教师共同参与、共同完善和共同遵守，也需要全社会的支持和监督。"这是一个不容忽视的转变，可见官方制定主体正逐渐向教育行业内过渡。未来的发展中，全国性的教师行业组织势必将取代政府相关部门而成为规范的制定主体。制定主体中政府的去功能化，是社会进步的体现。政府在职业规范制定中的主导角色正在退化，这不仅意味着道德标准中政治性的弱化，也意味着师德规范将会更为民主化和科学化。

（二）规范对象的变革

《中小学教师职业道德规范》的规范对象将会变革。它会由只规范中小学教师扩大至全体教育工作者。

早在 1991 年国家教委、全国教育工会《关于颁布〈中小学教师职业道德规范〉的通知》就提出了《规范》的基本要求亦适用于中小学职工。各地可根据《规范》，结合职工各项工作岗位的特点，分别提出具体要求。根据学前教育、特殊教育与中小学教育的不同特点，各地可参照本《规范》对幼儿教师、特殊教育教师职业道德做出补充规定或提出具体要求。这实质上是为解决中小学教师以外的教育工作者无从业标准的折中提法。《要求》和三次《规范》均未把中小学教师以外的教育工作者纳入其范围。我国现行的全国性师德规范只有 2008 年《规范》和《中等职业学校教师规范》两部，此外还有地区性的师德规范和各层次学校自定的规范。这既不利于教育工作者群体道德水平的提高，也局限了师德规范自身的价值。

因而我们必须逐渐构建起一个包括幼儿教师、中小学和中职教师、高职和大专教师、大学教师和各级各类学校的教育工作者在内的职业道德规范体系，并最终整合形成统一的专业伦理自律公约。

（三）规范名称的变革

《中小学教师职业道德规范》的名称将会变革。它会由规范改称为教师专业伦理自律公约。

规范，是约定俗成或明文规定的标准。公约，是机关、团体内部拟定的供共同遵守的章程。公约比规范更为强调行业内部的自我约束。如前文所述，师德规范正由他律走向自律，由难行走向操作。正如有学者指出：在教育实践中，作为道德主体的教师要唤醒自我意识，改善自我形象，培养自己的批判精神与反思意识，在反思自我行为合理性的同时也要反思现有道德规范的正当性。这样，师德建设才能够取得实质性的进展。因此，教师专业伦理自律公约的出现有两点依据：一是教育工作者相对较高的职业素养和较强的自觉性与自尊心，这是教育工作者群体能够产生专业伦理自律的基础。二是教育工作者的伦理标准将内化为自我的批判与追求，这是形成专业伦理自律公约的要求。随着师德建设的提高，教育工作者将会对职业伦理道德有进一步的追求，达到了向专业发展和事业追求之境的层次，教育工作者会因自身的发展促成公约的出现。因而，随着教育事业的发展，规范这一名称必然被教师专业伦理自律公约的构想所取代。

（四）规范内容的变革

《中小学教师职业道德规范》的内容将会变革。它会由不周延逐渐走向周延。这一变革将与规范对象等的变革相互促进。

规范对象将扩大为全体教育工作者，是由规范自身含义提供的可能性决定的。而规范内容由不周延向周延的变革为规范对象的变革提供了可行性。有学者提出，师德规范中一般对整个教育行业自身的建设有所考虑，但考虑不多。有学者也一再追求从教育专业化需要出发重建师德规范。规范内容向周延的发展，正是解决这类问题的途径。因为规范的功能是为对教师应处理的各种关系提供指导。从职业内部要求出发，教师应主要处理八重关系，包括：教师与国家的关系，教师与社会的关系，教师与教育事业的关系，教师与学生及学生集体的关系，教师与学校领导者的关系，教师与同事的关系，教师与学生家长的关系，教师的自我关系等。而在处理这些关系的过程中，教师自我认识的提升，教育理论中各种教育观点和概念的深化和澄清，将会使规范达到新的层次。所以，随着公约的形成，全体教育工作者能以其作为处理各种关系的充分和必要判断。至此，规范的内容就趋于周延。规范内容中不合理内涵将被剔除，适用界线将被明确，专业性将被强化，它使师德规范根本独立于其他道德标准，又与各项道德规范和法律法规共同服务于教育工作者。

（五）规范时限的变革

《中小学教师职业道德规范》的时限将会变革。它会由强调朝代性逐渐走向强调普适性。在规范对象与内容变革的同时，规范的时间限制也会被突破。

这一变革主要体现在一个更具开放性和生长性的职业伦理框架——专业伦理自律公约的形成。四次师德规范（包括《要求》）的修订年限相隔分别为 7 年、6 年和 11 年，可以看出由于规范内容的逐渐稳定，修订年限相隔越来越长。如前文所述，师德规范逐渐由一统走向分层。当前，规范的划一性正在深层地瓦解，它会有利于开放和生长的职业伦理框架的形成。这一框架注重的是教育工作者处理各种关系时的核心道德标准，它不因时代变化而褪色。在这个框架中一些没有生命力的符号化和口号化的应时之语会被摒弃。这并不意味着我们将重新创造一套用语构建这个新框架。我们应该做的是对现有的内容进行改造，赋予其真实的意义。这些内容在适用于更为广泛的业内群体的同时更应经得起时间的考验。同时，当规范更为科学时，无论从制定还是实施都会体现其制度化。制度化的规范并非刻板的，它以制度代替了人治，使真正有价值的规范内容得到保留，而这些内容的共同特点即是具有新陈代谢之机能。这样的框架就不再是为一时的政治、经济和其他社会现象的需要而换"新衣"。走出迎合与盲目的怪圈，框架的朝代性将最终被超越，更具普适性。

三、依法执教是师德修养的底线要求

1. 遵纪守法是社会向人们提出的基本要求。

遵纪守法是社会向人们提出的基本要求，也是每个人在社会生活中必须履行的义务。马克思说：人的本质并不是单个人所固有的抽象物。在其现实性上，它是一切社会关系的总和。无论对于维护社会和集体应有的正常秩序，还是就个人在这个社会生活中应有的位置和作用来说，遵纪守法都是做人的起码准则。

法律与道德在现代社会发展过程中所起的作用是相互促进、相互补充的。其中道德在社会秩序维持的过程中起主导作用，而法律是维

持社会秩序所必需的一种手段。我们知道，法律与道德在社会发展过程中发挥作用的方式是不同的：道德作用的发挥主要是通过社会舆论与个人信念等因素进行，而法律是通过各种手段强制执行。如果说道德是人格步入高尚的阶梯，那么，法律则是不可逾越的底线。

教师的法纪观念如何，不仅反映着自己是个什么样的人，而且直接影响着培养的下一代会是什么样的人。教师自觉地做到遵纪守法，可以直接影响青少年学生的健康成长，促进社会主义民主法制建设和道德风貌的良性发展，这对于培养一代合格的社会主义新人，对于我们国家和民族的未来，是至关重要的。因此，人民教师应当十分注重培养自己良好的法纪风貌，做到遵纪守法，而且应当把它作为教育活动和日常生活中一项基本的行为规范，严格要求，贯彻始终。

2008年《规范》明确要求教师要全面贯彻国家教育方针，自觉遵守教育法律法规，依法履行教师职责权利。不得有违背党和国家方针政策的言行。

2. 教师要自觉遵守法律法规，做遵纪守法的模范。

教师要讲法律。用法律来规范自己的行为，不做法律禁止的事情。教育教学要遵循教育法律法规。当前，我国的教育法律法规也出台了不少，有《教师法》《义务教育法》《未成年人保护条例》等等。从某种意识上来说，教师的教育教学活动，实际上就是在"执法"。因此，教师的教育教学活动，一定要合法、规范、严谨，要用相关的法律法规来指导自己的教育教学实践。教师在教育教学活动中必须做到知法、守法和不违法。

第一，知法。教师首先要模范地遵守宪法和法律，它是国家、社会组织和公民一切活动的基本行为准则，教育法律法规是规范教育行为的专门法律。在宪法的指引下，我国已经形成了以《教育法》《教师法》《义务教育法》《未成年人保护法》及学位条例等法律法规为骨干的教育法律法规体系。其中，《中华人民共和国教育法》为我们提供了法律依据，使教育工作逐步走上法制化、规范化的轨道。

教育法根据教育的性质和特点，体现如下的法理：全社会关心和支持教育法理；遵循教育客观规律的法理；教学民主的法理；受教育机会均等的法理；教育不得以营利为目的的法理等等。由此产生教育法的基本原则：教育优先发展的原则；教育机会均等的原则；继承吸收优秀文化传统的原则；重视德育的原则；全社会关心和支持教育事业的原则；教育改革与协调发展的原则；鼓励教育科学研究的原则；办学不得以营利为目的的原则等等。教育法的基本原则是人们在教育活动中必须遵循的准则。

《中华人民共和国教师法》是我国教育史上第一部专门为教师制定的法律，对教师的权利、义务以及法律责任等都做出了明确的规定，向教师的执教提出了要求，促使教师必须依法执教。教师要教书育人，为人师表，就应当模范地遵守宪法和法律法规。它的实施对维护教师合法权益，提高教师社会地位和待遇，加强教师队伍建设，使教育工作和教师队伍建设走上法制化轨道具有重大意义。广大教师要认真学习、深刻理解、坚决贯彻教育法律法规，严格依法执教。

第二，守法。依法执教要把法定的职业规范转化为教育教学实践活动，以法律为尺度，严格依照法律进行教师职业行为选择。从某种意识上来说，教师的教育教学活动，实际上就是在"执法"。因此，教师的教育教学活动，一定要合法、规范、严谨，要用相关的法律法规来指导自己的教育教学实践。要求教师从教育的方法到手段都符合法律的规定。要知道日常教育教学过程中，我们许多教师的行为在不知不觉当中，已经违法了。例如，截留学生的信件、偷看学生的日记；为保持课堂纪律而限制学生的言论自由；为应付上级检查或评奖评优而弄虚作假；公开学生成绩并张贴红榜白榜；大量代订复习资料并收取回扣等等。

第三，不违法。我国教育法和教师法规定，教师的行为选择如果不符合法律，就要承担法律责任，受到法律制裁。《教师法》第三十七条规定："教师有下列情形之一的，由所在学校、其他教育机构或者教育行政部门给予行政处分或者解聘：（一）故意不完成教育教学任务给教育教学工作造成损失的；（二）体罚学生，经教育不改的；（三）品行不良，侮辱学生，影响恶劣的。教师有前款第（二）项、第（三）项所列情形之一，情节严重，构成犯罪的，依法追究刑事责任。"

总之，每一位教师都应自觉遵守宪法法律，严格依照国家法律法规，依法执教，履行教书育人的职责，为培养全面发展的社会主义建设者和接班人做出应有的贡献。

附：

中小学教师职业道德规范

（2008 年修订）

一、爱国守法。热爱祖国，热爱人民，拥护中国共产党领导，拥护社会主义。全面贯彻国家教育方针，自觉遵守教育法律法规，依法履行教师职责权利。不得有违背党和国家方针政策的言行。

二、爱岗敬业。忠诚于人民教育事业，志存高远，勤恳敬业，甘为人梯，乐于奉献。对工作高度负责，认真备课上课，认真批改作业，认真辅导学生。不得敷衍塞责。

三、关爱学生。关心爱护全体学生，尊重学生人格，平等公正对待学生。对学生严慈相济，做学生良师益友。保护学生安全，关心学生健康，维护学生权益。不讽刺、挖苦、歧视学生，不体罚或变相体罚学生。

四、教书育人。遵循教育规律，实施素质教育。循循善诱，诲人不倦，因材施教。培养学生良好品行，激发学生创新精神，促进学生全面发展。不以分数作为评价学生的唯一标准。

五、为人师表。坚守高尚情操，知荣明耻，严于律己，以身作则。衣着得体，语言规范，举止文明。关心集体，团结协作，尊重同事，尊重家长。作风正派，廉洁奉公。自觉抵制有偿家教，不利用职务之便谋取私利。

六、终身学习。崇尚科学精神，树立终身学习理念，拓宽知识视野，更新知识结构。潜心钻研业务，勇于探索创新，不断提高专业素养和教育教学水平。

第五章　中小学教师师德的自我培养

第一节　加强理论学习

教师是人类文化、科学知识的传播者，又是伦理、道德的传授人。教师之所以受人尊重，是因为教师的职业是神圣的，担负着培养、教育下一代人的艰巨、繁重的任务，传道、授业、解惑是教师的天职。试想，把一个幼稚、天然的自然人，培养成有知识、有文化、有纪律、有道德的社会人，是何等的不容易！教师的职业的确是伟大而又神圣的。像蜡烛一样，燃烧了自己，照亮了别人。我们吃的是"草"，挤出的是"奶"，从精神、灵魂上培育了一代又一代青少年。教师是人中楷模，职业要求我们"学而不厌，诲人不倦"，不但教书，更重要的是育人，言行一致，身体力行，事事处处做学生的榜样和模范。进入 21 世纪，我国基础教育改革和发展的根本任务是从应试教育转向素质教育。素质教育的根本目标是使受教育者个体在身心各方面都得到充分、自由的发展。而要做到这一点，作为素质教育的主体——教师的素质，特别是我们教师的职业道德水平是至关重要的。就上述两点讲，为培养一支师魂崇高、师能过硬、师德优良的教师队伍，加强中小学教育的职业道德修养是十分必要的。要使广大中小学教师适应时代给予的任务，就必须具有高度的自尊、自重、自强不息的精神，加强师德建设，加强自身修养。工作中体会到，应首先做好以下几点：

一、加强理论学习，更新教育观念，提高师德认识

要想使自己的思想适应社会需要，就要有知识，这就要学习。同样，人们的观念需要更新，提高自己的道德水平，也更要学习。加强理论学习，是教师职业道德修养的必要方法。首先，认真学习政治理论，树立正确的人生观，不学习理论，就不可能科学地、全面地、深刻地认识社会，认识人与人之间的正确关系，因而就不可能形成正确科学的人生观和世界观。不能矢志教育，义无反顾，以坚毅不拔的精神，战胜前进道路上的一切困难，为人民教育事业而努力奋斗。其次，要学习教育科学理论，丰富科学文化知识，掌握教书育人的本领。我们教师学习教育理论，掌握教育规律，按教育规律办事，才能更好地完成教书育人的职责，这本身是教师职业道德规范的一个要求。同时，通过学习教育理论，教师能进一步明确自己在教育教学中的主导地位，对学生的身心发展起重要作用，这就更能使我们教师进一步严格要求自己，加强职业道德修养。教师还应学习丰富的科学文化知识，只有广泛地学习有关的自然科学和社会科学知识，才能使我们教师从各种关系和联系中来认识和改造世界的任务，认识社会和人生。只有这样，才能真正做到在教书过程中育人。

二、勤于实践磨炼，增强情感体验，提高师德修养

教育实践也是教师职业道德修养的目的和归宿。师德修养的目的，在于形成良好的师德素质，提高教师实践能力。我们教师不仅要通过理论学习来分清是非，更重要的是要求身体力行，用这些认知指导自己的行动，培养自己的良好的品行。就像我国著名教育家蔡元培先生

指出的那样，道德不是熟记几句格言就可以了事的，要重在实行。教育实践是正确师德观念的认识来源，只有在教育实践活动中，才能正确认识教育活动中的各种利益和道德关系，才能培养好自己的师德品质。教育实践还是不断进行教师职业道德修养的动力。我们教师道德品质修养不是一时一事而就的，而是要在教育实践中不断的探求，不断的认识，不断地完善，不断的提高。

三、制订奋斗目标，坚持不懈努力，增强自身素质

教师职业道德修养同人们认识和改造世界的一切活动一样，不是无目的、无计划的，而必须有着明确的目标作为指导。在教师职业道德修养中指导整个修养过程的总目标是崇高的教师职业道德理想，它作为一面旗帜，为教师如何作人，如何胜任教书育人的责任指明了前进的方向和奋斗目标，并成为教师生活的重要精神支柱，推动和激励着教师朝着更高的道德境界奋进。但是，由于教师的职业道德修养过程是构成师德的各种要素相互制约、相互影响、相互作用的过程，个人原有的道德水平与社会道德要求之间的矛盾和不平衡性，使得我们教师道德修养的目标必然有着层次之分，我们每个教师必须从自身的实际情况出发，确立可行的目标，去努力实现自身师德从无到有，从现有层次向更高层次的攀登。师德修养实际上是教师道德认识、情感、意志、信念、行为和习惯诸要素从无到有、从低到高、从旧到新质的矛盾运动过程，因此也就决定了它是一个长期的艰苦过程，这就必然要求教师坚持不懈的努力。不管是师德认识的提高、师德情感的陶冶、师德意志的磨炼、师德信念的确立，还是师德行为和习惯的培养都不

可能是短时期的、轻而易举就完成的，也不可能一蹴而就。一个教师在教育实践中要不断地选择自己的行为，教育实践活动的深入和发展，会提出许多新的问题，我们教师总是面临新的选择考验，教师道德修养也就不能停留在一个水平上，而是要求越来越高，永无止境。所以每一个教师都要长期修养，不断磨炼，做到坚持不懈才能使自己的思想品质修养不断提高，达到更高的境界水平，适应教育和社会发展的需要。

第二节 幸福的本源追问及教育的使命

正如美国的国父们在《独立宣言》中曾庄严宣布："人生而平等，享有造物主赋予的一些不可剥夺的权利，包括生存、自由和追求幸福的权利。"幸福应该是人们追求的终极目标，其他人们为之奋斗的东西，包括财富、地位、名誉、自由等，不过是实现这个终极目标的手段。这样就应该首先从源头上理清幸福的含义。文中主要从幸福的词源学追寻，幸福的哲学考问来探寻幸福研究的本源以及教育对于个体人生幸福的使命。

一、幸福的词源学追寻

汉语中，"幸"的基本涵义是1. 幸福；幸运；2. 幸亏；3. 欢喜；庆幸；4. 希冀。我国古代甲骨文就出现了"福"字，意指两手奉尊于"示"前，意为两手捧着盛酒的器皿贡奉在祭台上。《说文解字注》中把祭祀用的一切物品看作"福"，并与"禄"、"祯"、"祥"、"祉"互文。由此看来，"福"字原是祭祀之意，表达了人们的愿望与祈求。到了现代，"福"则指：1. 幸福；福气。凡富贵寿考、康健安宁、吉庆如意、全备圆满皆谓之福；2. 赐福；保佑；造福；3. 祭祀所用酒肉；4. 利益。1979年版的《辞海》（上）认为"幸福"是心情舒畅的境遇和生活。1989年版的《辞海》（缩印本）将"幸福"定义为"在为理想奋斗过程中以及实现了理想时感到满足的状况和体验"。在思想史上，幸福论有两种形式：（1）快乐论，认为快乐是人的最高幸福。（2）完全论，认为人的幸福在于发展人的理性，使人所具有的一切性能完全发挥出来，达到个人的完成。《韩非子·解老篇》"全寿富贵之谓福"。《礼记·祭统》把幸福的内容延伸为"福者，备也。备者，百顺之名也，无所不顺者谓之备"。这些观点把寿命、富贵、财富等要素看成幸福的关键，通过"攸好德"的追求而获得良好的德性，因此儒家的幸福观既体现在物质财富，还强调精神、道德的幸福。（《通书·颜子》）孔子云："君子坦荡荡，小人常戚戚。"（《论语·述而》）"不以物喜，不以己悲"都体现了幸福更在于心灵而不在于外物，关注心灵的坦然。儒家提出"我独乐不如与民同乐"，提出"修身、齐家、治国、平天下"的理论旨在求得普天下人的共同幸福，与我们所倡导的为人类解放事业而奋斗的马克思主义幸福观极为相似。我国古文化中，从个人生存到社会制度的各个方面都强调幸福的重要性，"福"的含义在个人幸福、制度合理以及社会实践形式中都承担着重要的角色。幸福既是一种生活方式，又是一种心灵体验，同时也是一种对生命的理解和领悟。

汉语语境中"乐"的概念与现代的幸福涵义更为接近，其内涵十分丰富，既指情感体验，也指超越情感的心灵上的美好感受，还涉及人格成长与人生意义的追寻。洪应明《菜根谭》云："人心有个真境，非丝非竹而自恬愉，不烟不茗而自芬芳。须念净境空，虑忘形释，方得以游衍其中。"（《孟子·尽心上》）"有三乐，而王天下不与存焉。父母俱存，兄弟无故，一乐也；仰不愧于天，俯不怍于人，二乐也；得天下英才而教育之，三乐也。"著名的《岳阳楼记》更有"不以物喜，不以己悲"，才能达到"先天下之忧而忧，后天下之乐而乐"的境界。从中我们可以看出，"乐"可分为三个层次：其一，只把"乐"理解为快乐，为"乐"的基本内涵，对幸福的客观要求只求有一颗"人心"，便可谓之"幸福"了；其二，属于"乐"的本原意义，"乐"就是幸福之义，指人类运用自己的智能力量使自己达到一种良好的心理状态，体现的是一种相对的幸福；其三，指所谓"绝对幸福"的状态，即"极乐"、"至乐"。对乐的把握和品味，区分物欲之乐和心情之乐、感性之乐和理性之乐、独乐和共乐、先天下之乐和后天下之乐，以及探讨"乐"对人身与人生的动力、作用，由此助成生活的种种情趣、种种方式，是儒家思想和中国文化的重大特征，也是中国人文精神的主要内涵。从孔子的"食无求饱，居无求安""饭蔬食，饮水，曲肱而枕之，乐亦在于其中矣"到《易·乾·文言》中的"乐则行之，忧则违之"再到孟子的"生于忧患而死于安乐"之类皆是。在我国古文化中，儒家的幸福观后来在人们的思想领域一直占据主要地位，无论先秦的孔孟老庄，还是宋明的程朱陆王，虽然不否认幸福必须借助外在条件，与人的物质需要相联系，但都认为人要获得真正的幸福，就必须除去这些"物蔽"，反求诸己、克服欲望，在修养中达到"乐"的极致。他们在物质欲望中看到了"私立"的危害性，大声疾呼"君子喻于义、小人喻于利"，要"见德思义"，靠修身养性来达到至善的境地，获得极乐。《论语》是以乐开篇的：学而时习之悦，有朋远来之乐。以及"知者乐水，仁者乐山。知者动，仁者静，知者乐，仁者寿"（《论语·雍也》）。《孟子》有父母、兄弟之乐、不负苍天众生之乐、教育之乐。孟子关于幸福的重要思想就是主张"与民同乐"，把自己的幸福与人民大众的幸福联系起来，以奋斗去实现自己的人生价值，以道义去履行自己对家庭和社会应承担的义务，以体验"鞠躬尽瘁，死而后已"的幸福感受。此时，人的生命已超越了凡人的情感，达到了"高峰体验"的境界。体悟到自己与道合一、与天下同乐的"超越之乐"，这便是极乐了。这种高扬理性之乐的原则，认为人生的幸福在于心灵的平静和充实，超越外在的物质条件和环境，超越个人的得失和遭遇，先忧天下之忧，而后乐天下之乐，便是宋儒所孜孜以求的"孔颜乐处"。所谓"颜会一箪食、一瓢饮、居陋巷不改其乐"，所谓"穷则独善其身，达则兼济天下"，所谓"以出世的精神，干入世的事业"（朱光潜），成为我国古文化中理想人格的化身，而在这方面说的最为深入浅出的，大概要推孔子的："发愤忘食，乐以忘忧，不知老之将至"（《论语·述而》）为极致了，此境界中，可谓进入了"高峰体验"了。因此，以"乐"论"福"是我国文化的一个重要特色，还包括幸福的体验与人生价值的实现，更为接近今天我们所倡导的幸福追求。

二、幸福的哲学考问与教育的使命

哲学作为人类的智慧之学，自产生之日起一直在反思着"我们是谁？我们在做什么？我们为什么要做？"这样一些人类的基本问题。哲学更多地关注生命的本源，生命的意义，从心灵中发掘幸福的源泉，从需要中开垦人从事一切活动的驱动力。从这个意义上而言哲学是提高生命境界的一种生存方式，哲学就是一种生活方式，一种教育的形式，引导我们从物的、功利化的生存方式中超越出来，走向"诗意地栖居在大地之上"的境遇之中，找到心灵安顿之所在。哲学启发并扩展人的主体性存在，提升人的主体意识，上升到对人之为人的根本问题的关注。今天，我们正是要在现实周遭之中，在面对历史与永恒的过程中，显现我们之为人、为独立个体存在的价值与尊严。这样，我们既能感受到科学技术带给我们的方便，又能享受到哲学带给我们精神上的生命超越，生活在意义的发现，精神的富足，幸福的追寻之中。

理性的人类不仅仅满足于生存，更重要的是学会思考人生。在我们思考人生的发展趋势和道路时，需要把握与认识这样一个辩证的、意义普遍的规律，即每个自主的人生都要经历由认识自我到实现自我再到超越自我的辩证运动过程，"这个辩证过程中，人不断发展与完善自我，获得人生的意义，提升做人的价值并体验人生的快乐与幸福。一部人类的发展史就是这样一部对幸福的追求史，通过对幸福的追求而不断探究人的存在意义、存在方式、存在内容的反思史"，也从一个特定侧面反映了人类自身的文明进化历程，揭示了人类自我批判、自我提升、趋向圆满的求索历程。

从个体存在的意义而言，人是幸福的享受者，个体有生理的需要，即身体健康和物质生活的保障。也有心理的需要，期待尊重和爱的浸润，渴望心灵的自由与空间以及自我梦想的追求与实现。自然人之生命之所以有意义与价值，是因为人人都有求生的欲望，并在生命的历程中能够追求到幸福。而人的生命是如何获得意义和价值的，又是如何以此意义和价值为基础而向国家、社会和他人争取自由的权利、平等的权利、生命权利和财产权利等自然权利，不仅因为这些个体权利既是人类的理性，代表了最基本的社会公平、正义、道德和良心，也是个体通过拥有并维护这些权利进而维护整个人类的安全和幸福的基础。

三、教育的使命：追求个体幸福

柏拉图曾经说过，哲学根源于惊异。"惊异是人类爱智慧的基本素质和前提。它不但是人的一种淳朴的心灵和未泯的童心，更重要的是它可穿透一切熟视无睹、司空见惯的教育现象，将人们从对教育问题漠然与迟钝的状态中唤醒，从关怀人类终极幸福的意义上，审视、关注教育。"当人们以惊异和科学怀疑眼光关注教育现象和教育现实时，"教育价值的疑问"和"教育意义的困惑"随之产生。对此人们应以"入世"与"出世"两种姿态，从对人类幸福和人生意义的"终极关怀"的视角，感受、观察、体验、理解教师和学生在教育生活中的状况、幸福感受，以及现实教育对社会文明和人生幸福的意义，进而追问：什么是教育，什么是良好的教育，教育的真谛是什么，现实教育符合人类对幸福的追求吗等一系列问题。从这一意义上说，教育以一种问知的方式敞开个体人生通向未知与无限的大门，伴随个体寻求生命突围的冲动，让人从无知走向有知，从小我走向大我，从有限走向无限，从当下走向未来，从个人走向世界，扩展个体的生存状态，提高个体的生命质量，从而实现个体的幸福追求。

哲学是人学，教育是育人，两者研究的焦点都是人、人生及其意义。柏拉图说：教育的最高形式是哲学，而哲学是对智慧最高、最重要的或最完整事物即德性和幸福的追求。这样，教育哲学致力于不断开启个体人生通向德性和幸福的心灵之窗，也是其使命的本源追求。哲学的基本问题是否同时也是教育哲学的基本问题？哲学的基本领域如存在论、知识论、方法论等等，是否同时也是教育哲学的基本领域？我们认为，教育哲学所考虑的"人的问题"至少包含三个基本主题："其一，人与自我。具体包括：人的'身体'及其对本能、本性与精神生活的追求；人究竟如何满足自己的本能与本性，人究竟如何维护自己的独立精神、行动能力与创造冲动等'身体哲学'的视野。其二，人与他人。具体包括：人与人之间的竞争与自由；人与人的差别与平等；人与人之间的敌视与关爱；人与人之间的统治与民主等'政治哲学'的视野。其三，人与自然。具体包括：人对自然的破坏以及自然对人的报复；人对自然的敬畏以及自然对人的回报等'生态哲学'的视野"。可以说，如果教育哲学关注人的身体（及其本性与本能），如果教育哲学关注了人的权利（自由、平等、关爱与民主），如果教育哲学关注了人的生存环境等问题，教育就有了一个美好的开端，个体的幸福就有了切实的保障与可能。

教育是一个培养人的事业，是一个通过培养人，让人类不断走向崇高，生活得更加美好的事业。因此，教育最重要的任务，是塑造美好的人性，培养美好的人格，使学生拥有美好的人生。美好的人性，应该从幸福的童年开始。把童年和童心还给孩子，这是对教育的基本要求。这样，我们首先或真正需要的，应该是对个人自主选择的宽容，对自发人性的关爱，对幸福作为一种自足的终极价值的尊重，对个人人格完整性的预设，对各类干涉和强迫的理由的质疑。

校园生活，是学生生命活动的重要组成部分，其质量如何，在很大程度上决定了学生的生命质量，同时也造就了个体的生命质量。因为，人怎样度过生命的日常方式，便决定人成为怎样的人。学习是学生的核心生活，教育能否给他们幸福就成了他们整个生活是否幸福的主要标准，教育能否培养学生追求幸福的能力，也是关系到他们以后能否幸福地生活的非常重要的因素。因此，教育之于幸福不是外在的，而是教育本身的应有之意。教育作为学生生活的主要部分，是学生成长的必需，从根本上说，教育就是培养学生感受生活、追寻幸福、创造幸福的能力。

教育过程中有无数的体验和经历为学生的成长和发展做准备，每一段经历都丰富着人生的下一步。学生在学习中与往事遭遇，与未来重逢，有时喜有时悲，有时陷入深深的思索。当思考人生的意义和生命的价值时，教育的真义便受到质问，不要在对未来幸福的憧憬中错失了今天的幸福。幸福的教育教学生摆脱物质或现实的束缚，使自己从物欲的诱惑和名利的"召唤"中解脱出来，把生活提升到一个更高的境界；教学生去除精神观念的束缚，使自己从偏执与盲从中解脱出来，把人生提升到一个更美的境界；教学生如何在今天的幸福中继续明天的幸福追寻。以一种高尚、文明、合理、幸福的方式使学生的身心得到健康的发展，思想得到深刻的转变，从而造就出快乐、健全、理智、幸福的人。

四、在敬业中感悟教师的幸福

有学者认为，教师的职业境界可分为四个层次。一是把教育看成是社会对教师角色的规范、要求；二是把教育看作是出于职业责任的活动；三是把教育看作是出于职业良心的活动；四是把教育活动当作幸福体验。显然，教师的最高境界就是把教育当作幸福的活动。也可以这么说，作为一个教师所追求的职业目标应该是：做一个幸福的教师或者幸福地做一个教师。

那么，怎么样才能做一名幸福的教师或者幸福地做一名教师呢？

教师的幸福是什么？叶澜教授是这样说的：幸福是一种体验，是对教育中生存状态的一种高级的、愉悦的情感体验。教师的幸福是一种精神享受。教师的幸福来源于奉献，教师的幸福来源于创造。

第一，教师的幸福来源于奉献。

教育是没有物质实惠的神圣事业，有物质欲望的人压根儿就不能成为教育者。教师的工作是清苦的，既无显赫的地位，也没有丰厚的物质待遇。教师的工作是平凡的，没有轰轰烈烈、动人心魄的大场面，也没有举世皆知的辉煌业绩。教师的劳动没有严格的时空界限，课上课下，白天夜晚，总是默默地向学生倾洒着心血和汗水。可以说，选择了教师这一职业，就意味着选择了吃苦。

当然，教育事业是一项永恒性的事业。不论社会如何变化，教师都应具有"超越"时代的不变的价值,即永恒的价值,甘于奉献的无私忘我精神。苏霍姆林斯基说过:一位教师只有把为别人做出贡献视为自己的最高享受,他才能成为共产主义信念的真正培养者。一个人为他人而奉献出自己的精神力量,并由此享受到高尚的、无私的欢乐——这种榜样是照耀青年一代生活道路的强大光源。是的,教师在物质上也许是清贫的,但在精神上却是富有的,教师拥有教不完的学生,他们自觉地将自己的全部精力和感情投入教育事业中并为之奋斗,从中体味学生成长的快乐,享有"桃李满天下"的幸福。在追求社会价值的过程中找到个人的幸福与快乐,实现人生的真正价值。

被周总理称为"国宝教师"的霍懋征,一干就是 60 年。霍懋征老师为什么在小学教师的岗位无怨无悔地奉献 60 年?

首先,来自于她对教师这一职业价值的深刻认识:"教师是一种职业,但在我眼里更是一项事业。这种观念在我的脑子里越来越清晰。"霍懋征认为,小学教育是启蒙教育,是一个人一生中最重要的教育。基础打好了,才能盖起高楼大厦。当记者问起霍老师做了一辈子小学教师,放弃了那么多"高升"的机会,后悔不后悔时,霍老师坚定地说:"不后悔,因为我喜欢小孩子。"

其次,来自于她对教育事业和学生的爱。霍懋征认为,一位优秀的教师,最重要的素质就是"爱这个事业"。教育是一项事业,不是一种职业,要有很强的事业心和责任心。"没有教不好的学生,只有不会教的教师。""好教师的标准",在霍懋征看来,只有深沉的四个字:"敬业""爱生"。

再次，来自于她对教师这一职业自觉地克服困难，排除障碍而进行行为抉择的力量和坚持精神。霍懋征一生扑在基础教育事业上，经历几番打击都未放弃。从"职业"到"事业"，这也许是一位优秀教师的必经之路。对一个人来说，最重要的支撑就是信念的支撑。也只有这样的支撑，一个人才能在自己选择的区域内排除万难取得成就，忠诚地履行自己教书育人的道德义务。

这是霍懋征的座右铭："当教师是最辛苦的，但也是最光荣的，最幸福的。当你的学生一批又一批地成为国家栋梁之材的时候，你获得的欣慰是任何人也理解不了的。"霍懋征对自己从事基础教育工作60年感到无悔。1993年，在人民大会堂召开的"霍懋征从教50周年研讨会"上，霍懋征老人将自己的感受归结为六个字：光荣、艰巨、幸福。她说："做一名教师实在是一件非常幸福的事情。"这也是霍懋征优秀的个体道德品质最充分的体现。

第二，教师的幸福来源于创造。

教师的教育教学过程从本质上讲，是一个不断创新和创造的过程，教师每一天都在创造着一个个生动活泼的教育场景，面对每一个富有个性的孩子，他巧妙地施展因材施教的艺术，使自卑的心灵自信起来，使懦弱的性格阳光起来，使狭隘的心胸开阔起来，使迷茫的眼睛光明起来。而教师从中体会到满足与快乐。教师还每天用自己的智慧创造着课程，把"干瘪"的教材丰盈起来，把抽象的教材生动起来，把统一的教材鲜活起来，当学生们在课堂上词采飞扬、诗情洋溢时，教学方法的更新，教学效果的突破，都能给教师带来成就感，令教师幸福不已。当教师面对一个个鲜活的生命个体传递爱与自信，以自己的真情滋润着学生的心灵时，作为教师伴随着热情和激动，感受着幸福，体会着幸福。相反，一个固步自封、墨守成规的人，每天都是机械地重复，那么，他只有痛苦和绝望。所以，有人说过这么一句话："只有用创造的态度去对待工作，才能在完整意义上懂得工作的意义和享受工作的快乐。"

第三，教师的幸福来源于学生的成长。

学生活泼、健康、全面地成长和发展是教师劳动的根本指向，也是教师幸福感的源泉。全国特级教师张学钊老师说：教师最大的快乐就是创造出值得自己崇拜的学生，教师的成功就在于让更多的学生超过自己。对教师而言，学生的成长进步，就是他们辛勤劳动的最好回报，也是他们全部付出的价值所在，更是他们的最大的快乐与幸福。学生是教师幸福的源泉。学生快乐成长的过程正是教师生命增值的过程，是教师灵魂的延续，是教师价值的实现，是对教师生命的肯定。法国作家雨果说过：生活中最大的幸福是坚信有人爱我们。教师由于自己的付出，能够得到爱的回报，这就是教师拥有的最大的幸福。

全国师德标兵黄静华曾经深有体会地说："33年的班主任工作，让我懂得了什么是真正的爱，什么是真正的美，什么是真正的幸福！教育工作是一项幸福的事业，我们的幸福来自于学生。""有一年年底，我感冒发烧，但医生误诊，通知我立即住院，我的学生听说后都急哭了。傍晚，全班50个孩子谁也不愿回家。没有人讲话，没有人做作业，大家都静静地坐在教室里，焦急地等待消息。六点多钟，我回到了学校。当班长冲进教室，向大家报告'黄老师一切平安'的好消息时，同学们都欢呼起来。第二天，孩子们自发组织的'师生情'主题班会召开了。在'祝你平安'的歌声中，孩子们把一束象征着纯洁、健康、幸福的百合花和一张有全班同学签名的贺卡送到了我的手中，我激动得哭了，我又一次感受到一个教师的'富有'和幸福。"

教师是把祖国的昨天、今天和明天连接起来的人格与智慧的桥梁，教师的劳动铺就了一条学生成才之路。为了学生早日成才，优秀的教师总是呕心沥血，日复一日、年复一年地耕作，岁月消逝了他们的青春，劳累熬白了他们的鬓发。他们不企望成为显赫的名人，但当他们看到学生一批批成才时，却感到无限的喜悦。因为他们从成才的学生身上看到了祖国的未来，看到了事业的兴旺发达，看到了光辉灿烂的美好前景。

总之，时代对教育寄予厚望，对教师赋予重任，教师要以国家、社会的大业为己任，珍视自己所承担的职责，爱岗敬业，乐于为之奉献自己的宝贵年华。

[案例]

杨瑞清，1963年生，江苏南京浦口区人，现任南京浦口区行知小学校长。

1978年，杨瑞清初中毕业像很多农村孩子一样，杨瑞清报考了中专。全乡共考中了3个，杨瑞清是其中一个。填报志愿时，父亲毫不犹豫地帮他填上了"晓庄师范"。在这所由陶行知先生创办于1927年的著名师范学校里，三年的刻苦学习，让杨瑞清这个农村来的懵懂少年有了"脱胎换骨"般的变化。"这三年最大的收获，是全面了解了陶行知先生的生平事迹和教育思想，心中树立了一个光辉的榜样。并且慢慢萌生出一个信念："向陶行知先生学习，走行知之路！"

一转眼就要毕业了，分配形势非常好，留城，到好学校去，成为很多同学争取的目标。1980年底，在一次同学聚会上，突然有个同学提议：咱们也像陶行知先生那样，到最艰苦的地方去创办一所"行知小学"吧！这个提议，一下子在杨瑞清心中掀起了波澜。整个春节，杨瑞清都是在激动中度过的，他的心完全被想象中的"行知小学"占据了。"五四"青年节这一天，杨瑞清和同学李亮一起公布了他们的《关于试办行知小学的志愿书》。顿时，平静的校园沸腾起来，他们一时成了大家议论的焦点。南京市教育局的领导专程来学校找他们谈话，在赞扬了他们的理想和激情之后，又劝他们服从分配、锻炼成长。于是他们请求，将他们一同分配到一所最偏远、最破烂的乡村小学，领导终于同意了。

1981年夏天，他们被分配到江浦县建设乡五里大队小学，成了名副其实的乡村教师。这所学校地处偏僻，下了公共汽车还要步行七八里山路，一排简陋的破房子建在一个小山坡上，只有100来个学生，七八个教师。杨瑞清他们就住在用芦席隔开的半间小屋里，两张木床，一口水缸，一个难伺候的小煤炉，就是他们的全部家当。可两个年轻人觉得，这比当年陶行知先生住牛棚办学的境界差多了，心里甚至还有点失落。农村学校缺老师，尽管他们毫无经验，但是，还是很受校长的器重，并被委以重任，挑起了重担。杨瑞清的任务是教一年级，是包班（即一个人教 5 门课，当班主任还兼任大队辅导员）。

理想要落实，激情要表达，杨瑞清把自己的班级命名为"行知实验班"，开始了他的"教学改革"。他回忆说："那时我用的办法虽然蠢一点，花的力气虽然大一点，但效果还是不错的。"学生流失严重，杨瑞清就一个个盯住不放，反复做家长工作；班里 70％的学生都是留级生，学习基础不好，他就及时鼓励孩子，手把手地辅导；学生眼界狭窄，他就在班上搞了一个图书箱，摸索出一套简便易行的课外阅读管理办法，迅速扩大了学生的课外阅读量……

陶行知先生说："生活即教育。"学校虽然没有先进的教学设备，却有美丽的大自然和丰富的农村生活，这些都成了杨瑞清取之不尽的教育资源，使原先苍白枯燥的课堂教学变得生动起来。学生们春天游南京，夏天到长江里游泳，秋天去登山，"六一"开营火晚会，国庆节开诗会歌会……以前让学生们厌烦的学校，现在成了他们最喜欢的地方！

这些都被五里大队的农民看在眼里，相传学校里来了两个好老师。1982 年夏天，农民们拿出改革开放后挣的第一笔巨款 7 万块钱，在小河边为学校盖了 21 间新校舍。年底，孩子们欢天喜地地搬进了新学校。农民的支持让杨瑞清感动万分，他从心底里盼望：就让我们这样干他十年二十年吧，就让我们这样干他一辈子吧！

1983 年春天，由于杨瑞清表现突出，受到当地县委的重视，调任他到江浦县团委当副书记。走的那天，孩子们哭成了小泪人。大队支书说："我们不舍得你走，但我们不能耽误你的前途。"到新的岗位工作以后，杨瑞清却发现自己离开了学校和学生们，感到特别空虚和心神不宁，这种感觉让他度日如年，难以忍受。只干了几个月，杨瑞清再也熬不住了，他决定还是回去当他的乡村教师！有人说他傻，可直到今天杨瑞清也不后悔。他说："当年陶行知先生下乡办学，有人说他是傻瓜，他却说：'惟有傻瓜，救得中华。'我一个中师毕业生而已，为什么害怕人家说一声'傻瓜'？"

杨瑞清回来了。看到希望的农民们再一次集资 10 万元，给学校建起了图书室、体育室、音乐室……接着教育局又为学校调来了一批新老师，五里小学成了全江苏办学条件最好的小学之一！

1985 年 1 月 10 日，五里小学被命名为"行知小学"，22 岁的杨瑞清被任命为校长。1986 年夏天，"行知实验班"的学生以良好的成绩毕业，杨瑞清开始在全校开展"不留级实验"。那一年，他还考取了南京师范大学教育系的本科函授班……那段日子，就像校园和村庄里到处盛开的鸢尾花，真是美好啊。

在一所乡村小学学校当 20 多年校长的人并不多。杨瑞清的独特就在这里，他认同了这里，认同了自己的价值，摆正了自己的位置。这样，所有对他的猜测都不攻自破，他死心塌地要做一辈子校长。他有自己的哲学——"小里可以见大，平中可以出奇。把小事做深、做精、做到极致，就是大事。"让教育回到教育本身，这是一种操守，也是一种境界。

杨瑞清把发展乡村教育作为自己的责任和神圣使命，才能够坚守乡村 20 年，他奉献出自己的最美好的年华，无怨无悔。杨瑞清把发展乡村教育作为自己的责任和神圣使命，才能够有所创造，把一所破旧的农村小学办成了拥有 24 个班、固定资产达 1000 多万元的"省级模范学校"。他先后创办了行知实验班、行知小学、行知基地、开展了"不留级实验"、"村级大教育"以及"赏识教育"研究，受到全国教育界瞩目。在为社会做出贡献的同时，实现了自己的人生价值，先后被评为"江苏省十大杰出青年"、"全国教育系统劳动模范"、"全国十杰教师"、"全国师德标兵"等。

杨瑞清是这样看待教师的奉献与成长的关系的：我终于用一种特殊的方式，回报了关心我的人，我相信对于这种回报他们会满意的。抓住这份感觉，我很开心很幸福。用成长来感激，要拼命地成长。

我喜欢用三个词描绘自己的状态，自己的样子：第一个词是"坚持"，第二个词是"感激"，第三个词是"成长"。

人们对我有不少夸奖，也有不少非议，有人说"高尚"，有人说"勤奋"，有人说"聪明"，有人说"能吃苦"，也有人说"虚荣，爱出风头"，也有人说"走运"。其实，对我的这些描述都不够准确，谈不上"高尚"也谈不上"虚荣"。我给自己找了一个感觉最能描述我的状态的词，就是"坚持"。我在乡村小学 20 多年没挪过步子，一直坚持走行知之路，所以就使得我所做的事情似乎有了一个好的局面。我坚信任何一个人只要肯把 10 年、20 年的生命集中起来做一件事，都一定会有一个大气象。一心坚持，使我在行知之路上找到了人生的立足点。这个立足点实际是生命的根基，你把这个根基扎在事业上面，就会获得源源不断的力量，源源不断的滋养，从而生长出自信心来。

诚心感激，使我在行知之路上找到了人生的平衡点。找到了这种平衡点之后，就不会再自负了，再自以为是了。人既不自卑又不自负，就真的很轻松，很快乐了。因为感激而快乐，因为快乐而感激，不是为感激而感激，不是好像欠人家的才感激，所以这种感激是真诚的，是从内心深处自然而然流淌出来的。

全心成长，使我在行知之路上找到了人生的制高点。这个制高点不是一定跟别人相比，主要是对自己的生命而言。充分地发挥自己的潜能，拓展生命的空间，就找到了自己生命的制高点。而且，这个制高点是没有限高的，成长是没有止境的。

坚持、感激、成长，要处理好几对关系：处理好公与私的关系，才能够坚持；处理好得与失的关系，才能够感激；处理好行与知的关系，才能够成长。坚持、感激、成长三者之间是互为条件，互相制约的，不可以割裂开来去对待。我是在坚持、感激、成长的状态中走过来的，我还将弘扬行知精神，在坚持、感激、成长的状态中走向未来。

第三节　要学会承受事业起伏

一、学会承受事业的起伏

2000 年 4 月初，国家中小学心理健康教育课题组对外公布了一项不太乐观的调查结果。对辽宁省 14 个城市、168 所城乡中小学的 2292 名教师进行抽样调查结果表明：23％的教师存在心理问题，其中 1％的教师属于"轻度心理障碍"，16.5％的教师属于"中度心理障碍"，4％的教师已构成"心理疾病"。对拥有几百万教师的国家来说，上述数据所显示的后果是何等严重。如果再以当前一个教师所教学生数来计算，那么现在又有多少学生正在接受心理健康方面有问题的教师的教育啊！那么是什么原因使这么多的教师不同程度地患有各种心理疾病呢？

由于理想与现实的矛盾冲突而引起的心理挫折。青年教师踏上工作岗位不久，往往对自己的工作、对学生充满理想主义色彩，希望能成为学生的"良师益友"，早日成就一番事业。如果遇到工作分配不如意，领导不是很关心，或者学生不听话，看到社会上一些不健康风气给学校教育带来的负面影响，往往会出现心理问题。老教师肩负重担，身体状况往往不如年轻教师，他们渴望得到领导的尊重和信任，有时不能称心如意，也会造成心理失衡。

由于工作上的磨难困扰而引起的心理挫折。教育、教学任务过于繁重，往往会使有的教师在体力和精神上感到不堪重负；有时遇到难以调教的学生，也会使有的教师失去自我控制能力，情绪起伏很大，采用一些不妥当的教育方法，使师生关系处于紧张状态。

由于不良人际关系的刺激而引起的心理挫折。有的教师因领导用人不当、管理不力或由于与同事性格不合，看法不一等问题，与领导、同事关系紧张。长期处于这种不良人际关系中，教师往往会产生对立、消沉等不良情绪，并引起自卑、嫉妒、埋怨、畏怯等心理，有的甚至会自暴自弃，久而久之，形成人格障碍。

由于过重的外界压力而引起的心理挫折。职称资格获得条件越来越高，结构工资制、竞聘上岗制、末位淘汰制等人事制度的实施，使得领导、同事之间的矛盾相对显现，这种矛盾也是产生精神压力的来源之一。

从上述四方面原因可以看出，教师的心理挫折来自社会、工作、生活等各个层面。不过，我们不可能改变客观存在，更不可能用降低教育要求来换取教师心理的平衡。因此，作为学校的领导、教师，应立足于现实，关注自身和他人的心理健康。

人们在遭受挫折以后，一方面会产生种种不愉快的情绪反应，另一方面也在有意无意地寻找一定的方式和方法进行自我保护、自我调节，以尽快恢复心理上的平衡，这就是挫折的自我防卫机制。作为教育工作者最主要的是应该形成建设性挫折自我防卫机制。同时，要增强心理挫折的承受力。

1. 调整认知，找准压力源。

心理压力并不是凭空产生的，说到底仍然是客观事物在人脑中的反映。因此，我们可以找到它的源头。中小学教师的心理压力源不外乎以下三个方面：

（1）职业特点

教师的工作不仅要向学生传授知识，还要培养学生优良的品质与个性，促进学生身心的健康发展。在知识突增、大众传播媒介迅速发展的今天，教师在很多知识上不再比学生"闻道在先"，威信受到了一定的动摇和影响，由此产生一定的心理压力。他们的教育对象大多是21世纪初出生的独生子女，在个性方面存在着许多缺陷，如自私、任性、依赖、孤僻、缺乏集体意识和劳动观念、意志薄弱等。同时，他们的自我意识觉醒早，又受到多元文化的冲击和影响，思想困惑多，心理冲突多，教师工作中的难题增多了，已有的方法不能解决新的问题，新的理论和方法又没有系统全面地掌握，因此造成教师的心理压力。

（2）教师本人

教师本人作为心理压力源有三层含义。一是教师对自身能力、水平认识不足，过高估计自己，自我期望值过高，经常导致活动失败而引发心理压力；二是教师本身的人格缺陷，如名利思想、患得患失、追求完美、意志力差等造成的心理压力；三是教师思考问题的方式和角度不正确而造成心理压力。

（3）社会环境

社会环境作为一个重要的心理压力源，包括了一系列的因素。首先，社会成员对教师的要求和期望过高，这种要求和期望最主要地体现在对教师培养人才的质量上。学生、家长、学校及各级领导、社会上的其他人都以升学率的高低来评价教师。他们要求教师恪守职业道德，只求奉献，不讲享受，认为教师就应该安贫乐道，任何事情都比一般人做得好。社会成员对教师在培养学生及遵守行为规范方面的高要求和高期望，使教师承受着巨大的心理压力。其次，社会经济发展过程中脑体倒挂导致教师的心理失衡和心理压力。教师长期的超负荷的劳动付出、劳动创造出来的巨大的潜在价值、对社会发展所起的巨大推动作用与教师微薄的工资收入形成了强烈的反差。再次，社会发展过程中许多不正之风的蔓延及其对学生的影响，使得教师的成就动机难以实现，因而造成教师一定的心理压力。

明确了心理压力源，教师就有了努力的方向。面对心理压力，教师不能怨天尤人，而应该用自己的实际行动，积极寻求问题的解决。要加强教育理论学习，加强对职业规律的认识，加强对学生的了解，加强文化科学知识的学习，全面充实和提高自己。要正确认识自己，为自己设置合适的目标，淡泊名利思想，完善人格。要不失时机地向社会宣传正确的人才观、科学的教育观及教师劳动的特点等，争取获得社会的理解和支持。

2. 放松情绪，减轻压力感。

心理压力一旦产生，必然伴随着情绪上的焦虑和高度紧张，而高度紧张的情绪又作为一种刺激反馈到人的身上，使人产生更强的压力感，情绪紧张和心理压力就是这样相互影响，逐步升级、逐步增强的。因此，放松情绪对于缓解压力非常有用。情绪的放松可以采用以下方法：

(1) 放松训练

这是国内外广泛应用的控制紧张情绪的常用方法，主要是通过肌肉、骨骼关节和呼吸的放松以及神经放松等基本动作来降低机体能量的消耗，从而达到控制情绪强度的目的。神经放松，尤其是大脑的放松一般需要进行专门训练，其中颈部的放松动作对于消除紧张情绪十分重要。颈部位于中枢神经系统的中间位置，是联系大脑和脊椎的桥梁，颈部肌肉和骨关节的放松可以导致来自内脏器官的兴奋冲击的降低或中断，从而使得紧张的情绪状态失去激发的物质（神经能量）基础，进而降低情绪的紧张性。

(2) 转移注意

心理学研究发现，人们在很多情况下产生的紧张情绪是由于他们过分注意那些令人担心的事物或情境所造成的。由于他们的注意力"固定"在这样的事物或情境上，因此注意和紧张就构成了一个互相强化的系统，越注意越紧张，越紧张越注意，恶性循环，使心理压力不断加强。当情绪处于高度紧张时，转移注意不失为消除紧张情绪的一种有效方法。所谓转移注意，就是指人有意识地变换活动方式，使意识离开引起人们紧张情绪的刺激情境，暂时脱离长期关注的事物。当人们变换活动方式时，大脑皮层的优势兴奋中心就从一个区域转移到另一个区域了，人的情绪也就从一种状态转化为另一种情绪状态了。

转移注意的具体方法很多。如经常进行体育锻炼，适当从事家务劳动、丰富业余生活等。肌肉放松可以调节情绪紧张度，减轻压力感；肌肉紧张（运动）也能减轻情绪紧张，缓解心理压力。肌肉运动不仅可以转移注意，而且可以使体内的紧张情绪得到宣泄和释放，降低情绪紧张度。另外，肌肉运动还能够有效地增强人的信念，发现自身的潜能，履行自己的社会义务，从而使人感受到生活的美好。因此，教师在紧张的学习工作之余，利用学校体育场地、设施的便利条件，经常进行体育运动不仅必要，而且可能。开展丰富多彩的业余活动可以调节教师紧张的生活节奏，使情绪得到松弛，减轻心理上的压力感。同时，又能陶冶性情，使人心胸开朗，增强心理承受能力。

（3）与人交谈

教师因为工作方式的相对独立性，容易造成人际交往范围狭小、人际协作有限和自我封闭。因此，当教师出现心理压力和紧张情绪时，他们常常感到孤独、无援、痛苦。与人交谈不仅可以使教师内心的消极情绪得到一定程度的宣泄，把积郁在心里的能量及时释放出来，也可以使教师获得朋友、亲属及社会上其他人的理解和支持，从而帮助教师抵御沉重的心理压力，消除紧张情绪。

（4）情绪对比

情绪对比就是使两种对立的情绪发生冲突，使正面的积极情绪战胜消极的反面情绪。具体做法就是当教师感到紧张、压力大时，找来一些极幽默的笑话、相声、漫画等来听或看，并从内心发出开怀大笑。人在笑时，体内心、肺等内脏器官得到了短暂的运动锻炼，一方面增强了有机体的免疫力，另一方面刺激大脑产生出一种叫作儿茶酚胺的激素，这种激素是人体内的一种天然麻醉剂，它的作用就是帮助人们减轻疼痛和不舒服感，消除厌烦、忧郁和紧张的心理状态。

3. 磨炼意志，增强抗压性。

心理压力是人们对外界刺激进行反映时所产生的一种主观体验，它的大小因人而异。同样的事件或刺激情境对不同的人产生的心理压力的大小是不同的。同样的外界刺激到底会给人造成多大的心理压力，实际上是由每个人自身的抗压性（或称抗压能力）所决定的。抗压性较强的人，对于相同的刺激所感受到的心理压力就较小，抗压性较弱的人感到的心理压力就较大。人的抗压性不是天生的，加强意志品质的培养，磨炼人的意志力是增强抗压性的有效方法，也是减轻心理压力的重要心理基础。

首先，教师要加强意志独立性的培养。为此，教师要明确自己行动的目的性，增强教书育人的责任感和使命感，根据自己的认识和信念独立地采取决定和执行决定，在行动上克服受暗示性，不屈从于周围人们的压力，不为别人的言行所左右。

其次，教师要加强意志果断性的锻炼。为此教师必须全面而深刻地考虑自己行动的目的和方法，懂得所作决定的重要性，明辨是非，当机立断，克服犹豫不决和优柔寡断（人们在犹豫不决和优柔寡断时，一直处于动机斗争过程中，感受到的心理压力大）。在行动中，敢于承担责任，敢作敢为。当然，也要克服轻举妄动和草率行动。轻举妄动和草率行动由于不考虑主客观条件，不考虑计划实施的可能性和行动后果，常常带来行动的失败，从而造成心理压力。

再次，要加强意志坚定性的培养。教师要坚信自己决定的合理性，并保持充沛精力，克服各种不符合目的的内外部困难和干扰，不屈不挠地为实现目的而奋斗，做到在困难面前不退缩，在压力面前不屈服，在引诱面前不动摇。

4. 接受现实的自我。一个人对自己的一切不仅要充分了解，而且需要坦然地承认及欣然地接受。因为在个人所拥有的条件中，有很多是不能改变的，如家庭、工作环境、容貌等。如果只了解自己而不能接受自己，势必增加个人的不安和痛苦。一个人只有欣然接受自己，才能避免心理冲突，而接受现实挫折。

5. 确定合适的抱负水平。美好的理想不能超越现实，一个人不能总是在梦幻中度过，更不能不顾现实去蛮干，否则就要碰得头破血流。一个人只有脚踏实地地工作，才能立于不败之地。作为刚走上工作岗位的年轻教师，更应该确定合适的抱负水平，了解社会对个人的要求，扬长避短，发挥个人的优势，以避免做出招致挫折的事情。

6．教师要注意培养自己的自制性，学会自觉、灵活地控制自己的情绪，克服懒惰、恐惧、紧张、愤怒和失望等不良情绪的干扰。

此外，在事业的成功中获得乐趣。一个在事业上入了迷的人很少有各种各样的苦恼。多参加集体活动，主动与人交往。多参加文体活动，注意用脑卫生。

二、如何建立自信

教师职业信心就是教师在教育教学的行为中，自己相信自己既然选择了教师这项崇高的职业，就一定能够成为孩子中的拓荒者，成为学生心目中的好老师，成为大家学习和敬佩的名教师。永远保持平和而谦逊的心理状态，遵循教育规律，有深厚的教师底气和高度的责任感和事业心。

新一轮基础教育课程改革要求教师教学方式必须发生变化，教师不再仅仅是"传道、授业、解惑"者，而应上升为学生学习的促进者，教育教学的研究者，课程改革的接受者和开发者。要实现这些转变就要求教师转变观念，提高综合素质。就课堂教学而言，当观念转变之后，教师科学文化知识底蕴深厚与否十分重要。常言道：要给学生一杯水，教师要有一桶水。当学生的学习方式发生改变后，教师所要具有的就不仅仅是一桶水，而是一缸水、一池水，并且还必须是活水。作为一名新时期的教师在具备高尚思想品德、良好身体素质的同时，必须更加注重知识的沉淀。要具备深厚的专业知识和广博的科学文化素质，具有强烈的创新意识和创造能力，在课堂教学中才能担当学生学习的组织者、引导者与合作者。也才能在学生的心目中不断地提高威信，增强教学的自信心。所以，教师只有不断学习，不断更新自己的知识，调整自己的知识结构，使自己具有广博、浑厚的文化底蕴，才能从心底里影响学生，树立自己的威望与形象，使自己因此而成为学生尊敬的教师，建立起师高尊严的教师职业自信心。

三、反思：成为一名成功教师的关键

今天的教师应该反思，教育历史的沉淀，虽不乏永远闪烁着光辉的精华，而封闭性的劣根性则是滞后于时代的不足。一般说来，大多数教师从风华正茂走入校园，一直到两鬓染霜离开讲坛，其间数十年。不乏为民族培养了大批有用人才，但也不排除庸庸碌碌度一生者。除了多种因素外，教育的封闭性不可说不是一个弊端，现在，这一弊端将逐渐被革除。据报道，江苏省海门市一所学校开展的"千名家长评教师"活动，从师德、教育教学两方面，请家长品评教师的好、中、差，这是走向开放的一条好途径；聘任制在学校试行；学校根据申报者的品德、专业能力诸方面，决定是否聘任其从事教师这个职业。可见，开放性、社会性的聘任制度，给我们每一位今天担任教师角色的人敲响了警钟。

包括教育观、质量观、人才观以及服务观等，我们一些教师远不能适应新形势的要求。谈及教育，只注重文化知识传授，甚至认为越全越深越好，于是只见树木，不见森林；只重智育，轻视其他。谈及质量，把学生的文化成绩、学校的升学率看得重而又重，排成绩名次、订升学指标，自以为深谙质量之精髓。谈及人才，相当一部分教师把

成绩好的学生看成是人才，其片面狭隘之谬尚不自觉。这种观念的偏执，必然导致服务观的倾斜，学习尖子成了教师的掌上明珠，全面周到，自不待言，只盼"一枝红杏出墙来"，不思"百花齐放春满园"。

教师素质的滞后性，主要指的是教师的敬业精神和业务水准及适应素质教育需求的程度。曾有一位专家一针见血地指出：不可否认时下的教师素质比之这样的要求有些距离。这不是吹毛求疵或危言耸听，综观今日教师的现状，无不感到敬业精神令人忧虑。靠"一根教鞭治天下"者有之；人到心未到，出工不出力者亦有之。凡此种种，可见一些教师敬业精神的严重缺失。其二是一些教师业务水准的滞后。因为新形势对教师的业务水准提出了更高更全面的要求，学生获取知识途径的增多也对教师提出了挑战，我们有一部分教师尚未意识到自己已经落伍了。

教师自主发展是伴随其一生的过程，就其途径和方式而言，包括两个大的方面：一是外在的影响，指对教师进行有计划有组织的培训和提高；二是教师内在因素的影响，指教师的自我反思、自我完善、自我提高。其中，反思被广泛地看作教师自主发展的决定性因素。因此，反思对教师改进自己的工作有独特作用，是教师获得自主发展的必要条件。

1. 教师的自主发展历程。

教师的自主发展是一个长期的成长过程，需要经历一系列的发展阶段。有关教师发展阶段的研究大都植根于美国学者费朗斯·富勒的"关注"阶段论：任教前关注阶段、早期求生存阶段、关注教学情境阶段、关注学生阶段。他通过对教师关注问题的研究，认为教师在专业成长过程中，所关注的事物是依据一定的秩序更迭的，是由关注自身、关注教学任务，最后才关注到学生的学习以及自身对学生的影响这样的发展阶段而逐渐递进的。

教师发展阶段作为理论研究经历了一个逐渐进步、完善的过程。从富勒的"教师的关注"这一侧面到以教师发展全程为研究维度，再认识到教师会在漫长的职业生涯中遭遇挫折甚至陷于停滞，而后进一步发展，认识到在教师陷于发展的低潮期，如果适时给予教师适当的协助，教师则可能会重新追求专业成长。它显示，要完整地看待教师的发展历程，将职前师资培育与在职教师的发展联系起来，视为一个连续的过程，同时凸显了教师在不同发展阶段具有不同的专业发展水平、需求、心态、信念等。

2. 自我反思推动教师自主发展。

反思，一般是指行为主体立足于自我以外的批判地考查自己的行为及其情景的能力。教师的反思是指教师在教育教学实践中，以自我行为表现及其行为之依据的"异位"解析和修正，进而不断提高自身教育教学效能和素养的过程。其主要特征，一是实践性，意指教师教学效能的提高是在其具体的实践操作中实现；二是自省性，是指教师对于自身实践方式和情境，立足于自我以外的多视角、多层次的思考，是教师自觉意识和能力的体现；三是时效性，是指对当下存在的非理性行为、观念的及时觉察、纠偏、矫正和完善，意即可以缩短教师成长的周期；四是过程性，一方面指具体的反思是一个过程，要经过意识期、思索期和修正期，另一方面是指教师的整个职业成长要经过长期不懈的自我修炼，才能成为一个专家型教师；五是超越性，教师反思的真谛就在于教师要敢于怀疑自己，敢于和善于突破、超越自己，不断地向更高层次迈进。

教师应将自己的自主发展过程作为反思的对象，它要求教师在生命成长过程中，参考教师生命成长的一般路径，不断对自己的专业成长过程进行批判性反思，并将此作为采取进一步生命成长行动的依据。按照时间维度分，教师的反思有五种不同的层次：快速反思——即时、自动地在行动过程中反思；修正——有思想地在行动过程中进行反思；回顾——及时在某一点上对行动进行非正式的反思；研究——过了一段时间后对行动进行系统的反思；理论重构与研究——由公众学术理论界对行动进行长期的反思。一些教师总是满足于反思的快速和修正层次，而鲜有深入，其实所有这五种反思维度对于教师的专业成长都是十分必要的。

3. 自我反思的作用。

第一，反思实践是丰富教师实践性知识的有效途径，是理论和实践结合的桥梁。反思实践在一定程度上可以使教师的内隐知识外显化。知识外显化有两个好处：其一，可以为教师改变自身实践中的无效能行为做出贡献。一般来说，教师的教育教学行为都是基于自己的实行理论，而不是采纳理论。问题的关键在于，教师的基于实行理论的行为客观上并不总是理想的，有些甚至是错误的，但他们却不自知。其原因在于教师的实行理论早已整合成为他们生活中的一部分而难以清晰地划分出来，它们从教师意识的中心消失而变成了意识的背景。通过反思，教师的内隐知识在一定程度上外显化了，从而使教师实践行为背后的深层原因又会回到他们的意识中心，进而为他们澄清自身行动所依托的不自知的实行理论提供可能。这很显然是有利于教师的行为改进的。每当教师的行为发生刻意转变后，其自身的实践性知识一定会增加。其二，可以使教师清晰地把自己的反思结果与采纳理论作对比，然后通过顺应或同化的方式实现采纳理论与实行理论的交融。而交融的过程其实也是理论和实践的对话过程。

第二，反思实践可以提高教师的自我监控能力和教学监控能力。现代认知心理学认为，在教师教学活动的5个系统（目标系统、材料系统、操作系统、产品系统和监控系统）中，监控系统是处于核心和支配的地位的。而在课堂教学中，教学监控具体表现为教师自我检查、自我校正、自我强化，而这一过程具体又是通过"问题——尝试——反思——新问题——调整——反思"得以展开和实现的，贯穿始终的是教师的"反思"，教师的自我反思必须依据一定的框架，包括反思的内容指标、评价指标和途径方法指标等。反思框架的设计过程实际上就是提高教师对自身及教学辨识力的过程，框架的落实过程实际上就是教师对专业自我的观察、检查、反馈、设计以及对教学活动的内容、对象和过程进行计划、安排、评价、反馈和调节的过程。而这两个过程中所涉及的种种因素都是构成教师监控力的必不可少的要素。由此可见，教师教学监控的核心是"反思性思维"，反思实践有赖于教师的监控力，反过来，教师的监控力在思想实践的过程中也可以得到锻炼和提高。

第三，反思实践有利于教师形成正确的自我概念。人本主义心理学家罗杰斯认为，自我概念指的是人对自己的认识，对自身与客体的关系和区别的认识，对人的价值标准的认识，它是在自我的发展过程中由人与环境或他人的相互作用而形成的。自主概念是教师专业发展的基石。但是教学实践中的教师"身在此山中"，难识"庐山真面目"，教师对自身及教学的方方面面素质的认识难以做到客观准确，要么自负，要么自卑，这是"实践中的人"对自身认识易出现的偏象。而反思实践的行为是已"跳出了山中"的行为，自身的成功和失败的体验就成为教师自我认识、自我评价的重要依据和前提，当事者会以旁观者的眼光审视自己，再加上高质量的反思，还有主动参考别人的意见，同事们的赞美和肯定，积极的评价提升了教师的自我价值，获得了自我发展的信心和动力，这就使教师能尽可能地认识到一个客观的自我，在相互比较、相互评价中，不断调整自我，使自我概念朝着积极方向建构，从而形成正确的自我概念。

第四，反思实践可以提高教师的人际交往能力。反思不只是对自己行为的思考，还包括借助别人的思考和判断来反思自己的教学行为，因为纯粹的自我反思会陷入自己的意图框架和视野中而难于发现实质性问题，而他人为我们提供了看问题的另类视角，帮助我们克服思考问题的局限性。从这个意义上来说，反思又不只是个体行为，它也是群体的行为。这也就意味着作为反思者需要一定的人际交往能力，从而得到别人的支持和帮助。正如上面论及的，科学的反思是建立在客观的证据基础之上的，证据的来源可以有个人日志、同事或家长的反馈等各种途径，而其中在运用同事或家长反馈这一渠道时，就涉及到教师的人际交往技巧的过程，就是自身人际交往能力得到锻炼和提高的过程。

第五，反思实践可以增强教师的高层次能力。反思实践不仅仅是对单纯自我的反思，高质量的反思对象还包括实践中的各种关系，如自身与他人（包括集体）的关系、活动与背景的关系、活动与活动所依据的价值的关系等。反思者以这些关系为对象进行反思时，一方面，个人的洞察力和判断力是高效能反思的基础，另一方面，个人专长的这些方面也会得到发展。另外，直觉与个体丰富的知识和经验分不开，通过长期地反思实践，教师的个人经验会日渐丰富，这就为教师形成敏锐的直觉提供了基础。

第六，反思实践可以培养教师的信息化素质和信息技术应用能力。教育信息化过程中的教学活动完全不同于传统的教学，它是把交互性、多样性、个性化的学习融为一体，能解决传统教学中无法解决的问题。如认识《西瓜》，通过多媒体演示，幼儿能清楚地感知西瓜的整个生长过程。实现培养学生的信息素养、创新精神、实践能力和学习能力的信息化教学目的、内容、方法的需求，优化教学过程，教师也在这个过程中提高了运用现代信息技术应用的能力。

第七，反思实践可以锻炼教师的书面语言表达能力。教学案例研究是教师反思教学研究、教学成败得失，积累教学经验的一种新的极好的载体。它贴近教师工作实际，教师有话可说，有内容可写，读者也愿看。经常研究教育教学实例，撰写教学案例研究文章，能使教师从失败和成功中获得教训和得益，对教师的自主成长起着很重要的作用。做医生，积累的病案越多，经验越丰富，医术越高明；当律师，必须拥有一定数量的典型案例；做教师，收集的教学案例越多，经验越丰富，教学水平也就越高。

反思无论是日记反思法、研讨反思法还是课题反思法，都要依赖于"记录"，通过"记录"教学活动的成功的经验，学生的表现，出现的问题，教学中突发事件的处理，失败之处等，使我们从失败和成功中获得教训和收益。要想做好一个案例，案例描述可以是一节完整的课例，但更多的是一件文学作品或精彩片段，而不是课堂实录。无论主题多么深刻，故事多么复杂，都应以一种有趣的、有声有色的、引人入胜的方式来记录。社会学家卡耐基先生说得好"具体，具体，再具体"，即使要概括记叙，也千万不要忘记"细节，细节，再细节"，因此教师在这过程中逐步提高了文字书写能力。

如同孩子的成长"是他自己的事情"一样，教师的自主成长也是外在价值引导下的自主完善的过程，意识到教师主体的积极参与对教师成长的意义是非常重要的。唯其如此，教师在教学实践中重视反思，善于反思，积极开展反思性教学，才会有利于提高与促进教师的全面发展。善于反思，提高自己教学效果的，才会加快自身的全面成长。教师只有发挥反思意识，把自我的发展看成是必须和必要的，才会努力地去发展自我，建构自我，超越自我，从而不断促进自主学习，自主发展，教师的教育教学观念、教育教学行为和能力才会有本质性的提高，最终，才能使教师全面发展。

作为手里把握着祖国未来、民族前途的教师，不外乎要具备热爱教育、追求教育的内在的而非表面化的敬业精神和较高层次的、较全面的业务能力。正如《关于基础教育改革与发展的决定》所要求的："教师要热爱党，热爱社会主义祖国，忠诚于人民的教育事业；要树立正确的教育观、质量观和人才观，增强实施素质教育的自觉性；要不断提高思想政治素质和业务素质，教书育人，为人师表，敬业爱生；要有宽广厚实的业务知识和终生学习的自觉性，掌握必要的现代教育技术手段；要遵循教育规律，积极参与教学科研，在工作中勇于探索创新；要与学生平等相处，尊重学生人格，因材施教，保护学生的合法权益。"因此，广大教师应做到：

1. 树立远大理想及献身教育事业的人生观和通过参与教育改革事业、实现奉献自我的价值观。

许多优秀教师的先进事迹昭示我们，尽可能多地造就社会有用人才是教师的远大理想。也许，一个教师年轻时有过这样或那样的"梦"，而一旦从事教师这一职业，就必须植根于教书育人这一基点之上。为收获理想之果，理当具备两种意识：一是参与意识。教育改革已进入实质性的攻坚阶段，学校实行教师聘任制，作为教师不能充当事外闲人，应当使出浑身解数，满怀信心地投入其中，以教师的高素质、高水准赢得自己的一席之地；二是奉献意识。教师常常与清贫划等号，在物欲横流的今天，不能这山望着那山高，要"乐守清贫"，要呕心沥血，今天仍要弘扬"春蚕精神""红烛精神"。养尊处优本来就与教师无缘，饱食终日、无所事事不是教师职业的应有之义。简言之，当教师注定要有一种牺牲精神、奉献精神，不然，最好另择他路，否则就有充任"冒牌"角色之嫌。

2. 树立"爱即师魂"的观念，建立新型的师生关系。

面对有情感有活力的学生群体，只有洒下爱的甘霖，才可获取爱的回报。事实上，教师中的个别人对"爱"的理解颇为狭隘，以为"严即爱"，上演一幕幕变相体罚学生的悲剧，还有一些教师认为把知识传授给学生就是爱。其实，真正的爱，必须营造彼此沟通、心心相印的氛围，而如此则要尊重学生的人格，多看到学生的闪光之处，从做人、求知等方面予以悉心关照，不自恃过人、高居人上，应建立平等、和谐的新型师生关系，这样才能构筑师生之间的桥梁，收到"春风风人，夏雨雨人"之效。诚如马卡连柯所说："如果有人问我：你怎样能够以简单的公式概括你的教育经验的本领时，我就回答说：要尽量多地要求一个人，也要尽可能地尊重一个人。"

3. 确立正确的人才观。

什么是教师眼中的人才，不同历史时期有不同的界定和标准，"学而优则仕"、出人头地、高人一等是封建社会教师心目中的人才；上名牌、读重点，相当长一段时间是我们中小学教师心目中的人才。为了培养这样的人才，有的学校加班加点，频繁考试，加大学生课业负担；有的教师偏爱成绩好的尖子，悉心关照，百般呵护。这样，难免培育出畸形"人才"，这些学生的意志品质、言行举止很难与时代合拍。何谓新时期的人才观呢？那就是"以培养学生的创新精神和实践能力为重点，造就有理想、有道德、有文化、有纪律的德智体美等方面全面发展的社会主义事业建设者和接班人"。为了完成这个宏大任务，我们必须矫正自己的人才观，以提高每一个学生的全面素质为己任，不以一模识人才，不拘一格育人才。

[案例]

湖南株洲二中语文教师尹建庭，在给学生上入学教育课时对学生说："你读书干什么？考大学干什么？也许你会说，为了实现共产主义，为了社会主义建设，而我要明确地告诉你——读书考大学，是为了自己，不是为别人。读书增强了自己的本领，提高了自己的资本，将来能找到一份好的工作，从而有一个美好的个人生活。比如生活愉快，人生充实，前途美好，事业辉煌。所以，我强调读书应该是为了自己！"尹建庭还把这些观点写进他的教学研究论文。

尹建庭还写过一本书，名为"人世老枪"，其中也是宣扬以上观点的。其中有一段文字是："中国古代哲人讲做人的最高境界是'无我'。既然'无我'，那人活着与死去有何差别？所以我说，最高境界应该是'有我'。世界一切都必须为我服务，不然，这一切都没有意义。

分析：我国著名教育专家朱永新在谈到"我心中的理想教师"时说：教育不仅给孩子们知识，更重要的是培养学生一种积极的生活状态，使其以积极的生存心境、积极的人生态度对待生活。尹建庭作为一位教师，他所宣扬的言论和观点不仅严重违背了师德的要求，而且可能危害学生的健康成长和他们的未来发展，因为教师的手上握着人类的未来，社会的希望，世界的明天。正如卢梭曾经告诫教师的那样：

"不要在教天真无邪的孩子分辨善恶的时候，自己就充当了引诱的魔鬼。"

4. 树立宽广的服务观。

既然"教师的天职是变化、自化、化人"，那么，新形势下的服务观务必是宽广的而不是狭窄的。过去一度受"智育为上"的支配，虽然我们一些教师也服务于学生，但只关照成绩较好的学生及其学业成绩，热心于一些学生，冷淡一些学生，造成人愠自怨的尴尬局面。我们提倡的宽广的服务观涵盖两层意思：一是服务于全体，不厚此薄彼，成绩高低都是学生，做到一碗水端平，面向全体学生，让所有学生同乘一辆前行的车。二是服务于全面，对每一个学生的思想品质、学习成绩以及身体素质都要悉心关照，服务周到，促使其全面发展。由此出发，我们每位教师都必须服务育人。

5. 迅速适应教育的发展，掌握必要的现代化教育技术手段。

当今的教师要想保住其"地位"，延续其职业，还必须迅速适应教育发展的形势，学习、掌握一定的现代化教育技术手段。马克思指出："如果你想欣赏艺术，你就必须成为一个在艺术上有修养的人。"有位学者说过："教师要向学生释放知识的能量，首先自己要有丰富的库藏；要散布阳光到人心里，自己心中必须先有一轮太阳。"这些话都颇有见地。平心而论，我们许多教师已认识到自己知识的缺失，也采取了诸如自学或参加继续教育等措施补救，但往往只重视专业知识的提高，而忽视知识的广度，特别是现代教育技术手段。不可否认，还有一些教师尚不知现代化教育技术手段为何物，沿袭多年不变的教法。

同样不可否认，科学走入校园，科技走近学生已成为当今校园一道亮丽的风景线。因此，教师必须要掌握计算机、多媒体等教学技术手段，这是刻不容缓、势在必行的。可喜的是，许多教师放弃节假日休息，学习电脑知识。一个教育技术手段的革命正在蓬勃地兴起。

6. 掌握与素质教育相关的知识。

素质教育给教师素质提出了全新且全面的要求。科技的高度发展促使文理相渗相通，作为新时期的合格教师，必须既专又博，陶行知说："教师必须学而不厌，才能诲人不倦。"有人讲教师应是个"杂家"，言下之意，就是教师的业务知识必须全面，在新形势下这种要求就更迫切了。而现今教师的现状则令人担忧：语文教师不懂理科常识，远离新科技；数学教师常写错别字，更不用说正确规范地运用祖国语言文字；绝大多数教师不识五线谱，不懂色彩、线条。

总之，教师中的不少人专得不够，何谈为博？为了拓宽知识面，承担起这副重任，广大教师虽然实施了补救措施，如参加普通话、信息技术等培训班，程度不同地改变着教师知识水平的缺胳膊少腿现象，但历史的痼疾非朝夕之间能够痊愈，我们必须有打常规战、持久战的准备。就教师个人而言，应当有目标、有计划的学习，一点一点地积累，一个顽堡一个顽堡地攻克；就主管部门来说，应给教师提供必要的条件，予以必要的指导，加强督促检查，真正扎实有效地补好这一课。

7. 不断更新教学方式方法。

提高教学质量，改革教学方式方法迫在眉睫，不改不行，迟改也不行。目前，学校"满堂灌""地毯式轰炸"等现象仍旧存在，有些教师把学生看作接受知识的机器，把考试分数作为衡量学生的唯一标准，津津乐道的是某某学生考得怎样，闭口不谈如何调动学生的积极性、主动性和自觉性，更只字不提如何提高学生的动脑动手动口能力。因此，教学方法的更新，首先是要积极开展"自主学习"和"研究性学习"，还自主给学生。其次，要营造宽松和谐的教学氛围，让学生在轻松愉悦之中获取新知。第三，要尽快采取启发式、讨论式等被实践证明了的且行之有效的教学方式，以提高教学效益。

［案例1］

全国人大代表，国务院特殊津贴享受者，江苏省南通市启秀中学数学教师李庚南，在几十年的教学生涯中致力于教育规律和人才成长规律的探索，反对加重学生负担，单纯为应付考试，争取高分和片面追求升学率的倾向。

她根据时代的发展和社会的需要，致力于"学生学力形成与发展"的研究。学力是在一定的教育情境下学生自主建构、发展、超越而形成的知识、技能、情感、态度的总和，是学生学习发展的核心，是学习能否成功的关键。

李庚南老师深刻地认识到，教师的成功不仅来源于教学的成功与喜悦，更来自于塑造灵魂的成功。她从教50年，当班主任50年，有人说她是新中国历史上"班主任龄"最长的一位中学教师。为了做好一位名副其实的"人师"，她以一位母亲或奶奶的心态，从"假如我是学生"想起，从"最后一名"学生关心起，为了一切学生，为了学生的一切，努力进行情感教育，以人格魅力育人。她说："我用执着的爱心和自身的示范，追求教育的艺术境界，在与学生的相互理解和尊重中达到生命的交流与融合，在引导学生奏响生命交响乐的同时，也从中体会到了生命的自我价值，享受到了精神上的愉悦。我最大的享受就是我无数的学生成才了，成家立业了，成为对家庭、对国家有贡献的人。"

分析：素质教育要体现"以人为本"，体现全面育人。教师在教育教学活动中要关注每一名学生，尊重并培养、发展每一名学生的个性，使每一名学生的个体潜能、智慧、创造力都得到充分发挥，把每一名学生都培养成充满个性活力，人格完善，与社会需要相适应的合格人才。

要把学生看成一个个具有丰富思想世界和鲜活个性的人，关注并尊重每一名学生潜在的发展可能。从本质上讲，素质教育是指以提高全民族素质为宗旨的教育，以面向全体学生，全面提高学生的基本素质为根本目的，以注重开发受教育者的潜能，促进受教育者德智体诸方面生动活泼的发展为基本特征的教育。

[案例 2]

甘肃省静宁一中化学教师王好学，1986 年以来，根据教学实际，结合化学学科特点，提出了以实验为基础的"观察感知——探索释疑——归纳小结——练习巩固"四环节教学法，就是结合化学实验，通过学生自己的探索来启发学生学习。而后，在启发式教学的基础上，通过摸索、验证，提出了"提出问题创设情境——讨论探究设计方案——试验观察验证假说——师生辨析整理归纳"的启发探究教学模式，力求做到三个转变：由教师本位向学生主体转变；由接受性学习向自主性学习转变；由单纯传授知识向既传授知识又培养能力转变。在王好学老师眼里，教师是课堂教学的组织者、启发者、合作者和促进者。他认为，作为化学教师，要注意以化学试验为基础，以学生的学习实践和主动探索为主线，着眼于学生素质的提高，着力于培养学生的创新精神和实践能力。王好学认为，教学是艺术，教师必须学会"少讲一点，多说一句"。讲课和旅行带行李一样，要少而精，要善于少讲一点。当然，舍弃绝不是一件轻而易举的事，要舍弃就要理出头绪，抓住重点，少而精，精而细。而"多说一句"，就是在教学中善于抓住那些值得发挥的可以引发学生创造性思维的东西。这些内容，常常就是知识的来源，规律的发现，知识的活用，创造的顿悟，它的作用是深远的，学生可能会记忆一辈子，可能会举一反三，可能会领悟怎样做学问，怎样做人。

第四节　与学生建立良好的关系

一、建立积极的师生关系

新的教育理念，使师生关系发生了根本性的转变，新的师生关系应该是平等、民主的和谐师生关系。只有建立和谐的师生关系，才更有利于学生积极性、创造性的发挥，才有利于师生在教学活动中共同合作，为实现教育目标共同努力。为什么要构建和谐的师生关系，如何构建和谐的师生关系，构建和谐的师生关系的效果与反思；或教师怎么对待自己所教的学生，怎样处理自己与学生的关系，这是教师活动中最重要的问题，也是最主要的关系。如果处理得当，教师和学生就会相互信任、和睦相处，教师才会真正起到主导作用，整个教育过程就会顺利地进行，教育效果也必将是理想的。

（一）构建和谐的师生关系之缘由

其实，在现在的教育教学中，师生关系不民主、不平等的现象仍然随处可见。这种不和谐的师生关系一度成为人们关注的焦点。为什么会出现这些现象？原因很多，其中有一些是受传统的教学观念的影响。长期以来，社会看待教师在处理师生关系时，把家庭中的父子关系作为参照框架。要求教师对学生严加管束，而学生必须对教师绝对服从。

我们提倡建立和谐的师生关系，就是要改变这种不协调的状况，在教育教学中坚持以人的发展为本，努力创设民主平等、愉悦和谐的情感氛围，营造丰富多彩的学习环境，使学生轻松愉快地学习掌握知识、增长智慧、陶冶情操。

（二）和谐的师生关系内容之构成

要形成师生的和谐关系，需要教师尊重学生学习的主体地位，不断增强学生的主体意识。满腔热情鼓励和肯定学生，使他们对自己充满信心，千方百计为学生创造条件和机会，让他们品尝成功的喜悦。彻底改变教师主宰课堂的现象，使传统的严格意义上的教师教和学生学不断让位于师生互教互学，彼此形成一个真正的"学习共同体"。知道他们的兴趣爱好，洞悉他们的喜怒哀乐，从而适应学生活跃的思维和变化的情绪。教师站在学生的角度看待学生的需求和期望，不对学生的所作所为求全责备，而是对学生的哪怕是很细微的成绩给予充分的肯定，在学生的学习或者生活出现困难时及时送上精神和物质的援助。

和谐的师生关系是平等、民主的，它是活跃的和朝气蓬勃的。和谐的师生关系有以下这些特征：

(1) 坦白或明朗——彼此诚实不欺诈。

(2) 关心——彼此都知道自己受对方所重视。

(3) 独立性——一方不依赖另一方。

(4) 个体性——一方允许另一方发展其独特的个性与创造。

(5) 彼此适应对方的需要——一方需求的满足不以另一方需求的牺牲为代价。

那么，根据以上的这些特征我们如何来构建和谐的师生关系呢？

(三) 构建和谐的师生关系之途径

1. 变"单向型"为"双向型"。

应试教育中的师生关系是"单向型"的。所谓"单向型"是指在教育过程中，教师担任文化知识的传递者和社会道德伦理的传播者角色。有这样一个故事：

一位教师在让学生谈论自己的梦想时，一个小男孩怯怯地举起手，站起来说："每当皓月当空，夜深人静时，我总想有一个梦想，那就是变成一只老鼠，偷走……"没等他把话说完，全班同学便哄堂大笑。老师说："我们的梦想应该是崇高的、美好的，不能是丑恶的、大家反对的。"小男孩听后哭了，哭得很伤心。十年后，小男孩长大了，在写给老师的信中，还回忆起当时的情景，并把他当年作的诗补全："我想变成一只老鼠，把冬日的光辉偷回，还给迷人的金秋；把春季的鲜花盗去，装扮夏天的风流。我想成为一名大盗，把世间的黑暗统统偷走，哪怕闪电划破云头，哪怕寒风把心刺透，我也决不缩回已伸出的'黑手'……"

新课程要求师生关系是"双向型"的。教师要有向学生学习的勇气，同时向学生学习的过程，就是发掘学生优点的过程，是进行情感交流的途径。

2. 变"功利性"为"合作型"。

应试教育本身就带有鲜明的功利性。因此服务于它的师生关系也必然有着这种特点，为此，才能满足各种衡量教育质量的硬性指标。师生围绕升学率的指挥棒转，而提高升学率所付出的代价是失却了学生道德、情感的教育。更为严重的是，功利性正有发展为物质性的趋势。不仅严重损害了教育者的形象，也给师生关系带来了不良的影响。

所谓师生合作，即前之所说的互动的师生关系。山东特级教师侯溪萍在执教完《孔融让梨》这篇课文后，记下一段随笔："我问孩子们：'有两个苹果，一个大一个小，你准备吃哪个？'孩子们大声嚷着：'吃小的。'正当我为自己的教学效果窃喜时，突然文静的张涵站起来说：'老师，我想两个都咬一口。'同学们哈哈大笑，我愕然，心里犯嘀咕：这孩子怎么这么自私。再看张涵，还一脸的委屈。于是，我耐着性子问道：'能说说为什么吗？''我要把甜一点的那个给妈妈，因为妈妈平时就是这样把最甜的苹果挑给我吃的。'我震惊，我更感动，我把张涵紧紧地搂在怀里……"

互动的师生关系在师生关系中处于较高的层次、境界。合作是现代生活中交际交往的重要内容。"学会与他人一起生活"也是新课程的内容之一。因此，师生合作也给予了学生自我完善的动力，促使学生自我塑造，逐步形成各种社会交往中应有的品质。在教育实践中，但凡成功的班主任，都能善于精心培养班级团结合作的精神。教师制订目标，而不是包办代替，充分发扬课堂民主，师生共同参与完成。

3. 变"间离型"为"和谐型"。

"间离型"是师生活动的功利性所产生的必然结果。唯应试、升学为任，没有情感的交流或少有之，怎能不产生间离？此外，教育者自身也有不可推诿的责任，忽视学生思想、道德教育、缺少交心谈心、"话语"单调使师生活动日益生疏，愈发陌生。

我们来看这样一个例子。有一位班主任，在他的学生中有一位班干部，各方面素质都不错，他对这位班干部的期望也非常高，一直把这位学生做其他学生的榜样。一次音乐课后，任课教师告诉这位班主任这堂课纪律不好，还指出几个人的名字，其中就有这位班干部。听了之后，这位班主任就气过了头，急匆匆走进教室，大声责问全体学生是怎么回事，并当众训斥了这名班干部。事后他对自己发那么大的脾气很懊悔，但没想到的是，他的小题大做给这个孩子带来了很大的影响，本来话就不多的他言语更少了，轮到他值日的时候，登记本上总记着一大串名字。刚开始他还不知道是怎么回事，直到后来在意见箱中看到学生给这位班干部提的意见，说他动不动就记人名字，这位教师才知道他的心因为自己的那一次过激的行为变得有狭隘倾向了。

师生主体论认为，教育是在师生互动基础上，教育者对被教育者全面施加影响的过程。和谐的师生关系就是要求师生之间形成和谐的互动，即师生共同参与教育。因为只有当教育的教学指向与学生的学习动机趋于一致时，才能达到最经济、快捷的教育效果。同时要求师生互相适应，达成默契，相互补充。当然这都要以和谐为基础的。

（四）构建和谐师生关系之效果与反思

1. 就教育的效果而言，师生关系的影响至少表现在以下几个方面：

（1）师生关系影响学生对教师所教课程的学习兴趣。

"我喜欢这位老师，所以我喜欢他（她）教的这门课。"这是学生最普遍的一种心理。

某市督导室对一所学校进行督导评估，在对学生的调查问卷中有这样两个题目：你最喜欢的学科是什么？你最喜欢的老师是谁？结果集中在一位老师身上。他们听了这位老师的一节随堂课，课堂中的师生情感交融使听课者深受感动。

（2）师生关系影响学生与教师交往的频率。

学生与老师关系好，则经常与老师交往，因而容易得到更多的教益，相反与老师关系不好，则常常是有问题也不去问老师。

例：一位同学，刚入学时数学成绩落在后面，他自己缺乏学好数学的信心。老师看在眼里记在心里。一次老师有意请他到黑板前解一道数学题，结果解错了。老师冷静地分析他的解法后说："他虽然题解错了，但他的解法有独到之处，为我们正确解这道题提供了研究的方向，有价值！"同学们听后还为他鼓了掌。老师从他的眼神中看到了从未有过的兴奋。后来，他经常埋头苦做数学题，不懂就向老师请教，频繁地和老师接触，再后来成了数学"尖子"，在以后竞赛中还获了奖。

（3）和谐的师生关系能赢得学生的尊重。

尊重比热爱更为重要。因为给学生以尊重，学生才能感受师生的平等，才能感受自尊的存在。一旦他们认为失去自尊，他们就会失去向上的动力，精神的支柱，由此导致消沉。反之，他们就会获得向上的动力源泉。记得在一次集体劳动结束后，一位班主任在全体学生面前表扬了一位性格内向、平常说话声音很小的男生，这位班主任说："男同学劳动时应该向他学习，才能体现男子汉的魄力。"从那以后这位平常不爱表现、成绩不是很好的学生在各种集体活动中表现越来越出色，成绩也稳步提高，与老师的关系也一下子拉近了好多。这位老师一直无法理解这是为什么。直到有一次在与他的家长沟通中才明白这是怎么回事。原来由于他说话声音小，没想到一次不经意的表扬竟然会改变他。

我们要尊重学生的人格、意愿、隐私权等等，采用一切的方式肯定学生，赏识学生。构建良好的师生关系关键在于教师。作为教师首先应该结合自身的工作转变观念，加强自身修养，提高师德素养和教学能力，以高尚的品格和过硬的素质去感染学生，征服学生。很多教师就是因为这点让他们每到一个新的班级都会获得学生的一片欢呼。

其次，应该做好角色的转换。在教育中教师不再是独奏者而应是伴奏者，舞台的中心应该是学生，教师的任务是激发学生学习的兴趣而不是学生的监督者。

2. 反思师生关系是否和谐。

和谐师生关系是促进教与学达到共生共长的基础。那么，我们每天可以反思：今天我表扬学生了吗？都表扬哪些学生了？表扬的方法、方式如何？相应地，今天我批评学生了吗？我批评的方法方式怎样？在课堂上我今天发脾气了吗？我除发火之外再也没其他方法可以能更好地解决问题了吗？今天我解决师生的矛盾方法是怎样的？……我们走进课堂来看，有些老师对表扬学生的词语非常吝啬，甚至于课堂上从来都没有表扬过学生，其实我们都很清楚，学生如果喜欢你，就学你这科，如果不喜欢，他们就不学你这科。

探讨、研究、解决师生间矛盾，有着非常重要的现实意义，它能够帮助改善师生间关系，增强学生学习信心，使他们乐于学习，从中获得满足感和成就感，从而促进了师生关系的发展，起着良性的循环。

3. 尊重学生是构建和谐师生关系的关键。

教师尊重学生，是构建和谐校园的需要，也是培养全面发展的人才的需要。教师怎样尊重学生呢？

（1）要尊重学生的人格和自尊。

教师与学生在道德人格和法律人格上完全是平等的。教师为了未来而教，学生为了未来而学，师生为了一个共同的目标，必须相互尊重，学生既是教学活动的对象，也是教学活动的主体，他们具有独立人格。作为教师，应处处从学生的特点出发，事事为学生的发展着想，研究他们、了解他们，并引导他们发现自我，实现自我。尊重学生不仅要尊重学生的生命，同时要尊重学生的人格，要把学生当成自己的孩子，自己的朋友。教师尊重了学生，反过来也会得到学生的尊重和爱戴，师生之间的良好关系才能建立，才能牢固。尊重学生也是一种恩泽，学生从中学会做人，学会尊重父母、兄弟姐妹及周围的人，我们的社会会变得更加和谐。

自尊是人格的基本要素之一。青少年渴望被人理解、受人尊重，后进生更是如此。由于涉世未深，阅历不丰，他们又比较稚嫩脆弱，在努力维护自尊之时易产生自卑，在渴望理解之时易自我封闭。后进生在有些老师和家长眼里，是不争气的孩子，他们自己也深感自卑和压抑，渴望改变环境，获得理解和尊重。然而受应试教育唯分论的影响，一些老师往往嫌他们素质太差，难成气候，从而在思想上轻视他们，教学上忽略他们，情感上疏远他们，使他们的自尊心受到伤害。因此，尊重后进生的人格，就成为激活他们心灵的甘霖。

（2）要尊重学生的个性差异。

尊重学生的个性差异是教育的起点与前提。每个人带着不同的基因来到这个世界，在不同的环境、经历中拥有不同的性格能力，即所谓的个性。每个人的语言、逻辑数学、空间、音乐、美术、身体运动、人际交往及自我认识方面的能力各不相同，每个人都有自己的强项和弱点，这就是差异。只要使学生特长得到充分的发挥，只要使学生能视老师为父母，视学校为自己的家，他们就能心情愉悦地去做好每件事，就能在做好每件事的过程中不断优化自己。

尊重学生，首先要求教师以平等的心态对待学生。在教学中、班级事务的决策上，师生共同讨论、鼓励学生提出自己独到的见解，以发挥学生的主动性。即使学生的见解有偏颇，也要耐心地启发诱导，晓之以理，动之以情，使师生成为知心朋友、忘年之交，让学生在信任中奋起，在温暖中敞开心扉。尊重学生，还要求教师做到客观公正地看待学生，要善于发现每个学生的闪光点，并精心地呵护与引导。即使是所谓"学困生"，也应该相信他们不是天生无能，而是一群"才能未被开发之人"。只有充分地了解自己的教育对象，诸如他们的性格、习惯、兴趣、爱好、潜能、心理状态、家庭状况以及缺失的成因，做出客观公正的评估，教师才能避免偏颇，给学生以尊重和关爱。

（3）要尊重学生的兴趣和意愿。

每个人都有自己的兴趣和爱好，都喜欢做好自己喜欢的事情，积极的兴趣是学生学习和探索新鲜事物最重要、最持久的动力，也是学生获得知识和发展能力的先决条件。优质的教育应让学生在快乐的情绪中学，并保持对学习活动的积极态度，为一生的持续发展打下基础。尊重学生的意愿，可以激发他们的学习兴趣、培养他们的自主性和创造性。学生最喜欢"异想天开"，有的还会"别出心裁"，提出许多"越理犯规"的建议。这时教师应因势利导，而不能批评甚至讽刺挖苦学生。对学生一些正当合理的良好愿望——哪怕这些愿望显得有些"不合时宜"，教育者不应漠视，更不能贬损，而应予以充分重视与关注，适时鼓励，以保护学生的积极进取之心，进而激发其潜能，为教育的成功提供保障。

（4）要尊重学生的隐私。

每个人都有不愿为人所知的秘密，都希望拥有一个不被他人侵犯的自由活动空间。我们不能以"学生的主要精力应放在学习上"为由，出现不经学生同意，将其不愿为人所知的秘密公之于众等侵犯学生隐私的行为。同样，学生的学习成绩也是学生的一个隐私，张榜公布学生的考试成绩及排名的做法，也是对学生权益的践踏，尤其对于学习不太好的同学，公布考试成绩会给他们造成压力。对于走在成长道路上的青少年来说，有意或无意犯下一些错误属于正常现象，当我们面对犯错误的学生时，要为学生着想，体现出对他们的人格尊重，呵护学生的尊严，就是要他们不失羞耻心，让他们的心灵始终保护一种可贵的自尊，心悦诚服地听从老师教诲，自觉反省并矫正自己的不良行为。

总之，尊重学生，是十分有效的教育艺术，是促进师生关系和谐、构建和谐校园的关键。

[案例1]

"老师是船，扬起理想与信念的帆，乘风破浪，送同学们抵达成功的彼岸；老师是火把，点燃每一个孩子的激情，为他们照亮人生前进的航向；老师是一把金钥匙，开启童心，唤醒童趣，帮孩子们找回童年的快乐；老师是妈妈，用母亲特有的细腻与慈爱，关注着每一个孩子的成长……而这一切的一切，就注定了老师还有另外一个名字叫奉献。"这是河南省许昌市古槐街小学老师刘夏笔记本扉页上的一段话。

从教18年来，刘夏正如这段话所描述的那样，在三尺讲台上乐此不疲、默默耕耘。刘夏是在懵懵懂懂之中踏上教坛的，如果没有下面这件事的发生，也许什么都不会改变。那是她参加工作的第二年，她接了一个二年级的新班，班里有一个全校出名的调皮大王——刘大宝。他不仅天天迟到，不写作业，还经常惹事，为他没少跟着背黑锅的刘夏更是气得堂堂训、天天留。每每这时，刘大宝就一言不发，瞪着乌亮的眼瞅着刘老师，充满了不服气。凭着那股不认输的硬劲儿，她咬咬牙，硬着头皮去家访。没想到迎接她的竟是破烂不堪的瓦房和刘大宝白发苍苍的爷爷奶奶，没想到这个倔强的孩子竟从小没有父母的关爱，又怎能苛求他幼小的心中充满爱呢？刹那间，刘老师的眼眶湿润了，胸中充斥着懊悔、同情与爱怜。她发自内心地想帮帮这个和弟弟一样大的孩子，帮他摆脱生活的阴影、学习的困境。从那以后，她暗自观察，发现大宝的爱好与长项，利用小孩子好胜心强的心理在班里公开表扬了他，大宝的眼里第一次有了闪亮的惊喜。她利用课余时间找他谈心，帮他补课，送给他儿童杂志、学习用品。渐渐地，大宝变干净了，也按时交作业了，见了刘老师那黑亮的眼睛总是含着笑。就在刘老师为他的进步高兴之时，不幸却再次降临到这个苦命的孩子身上。临近期末，刘大宝患上了严重的肺炎，当刘老师闻讯来到医院时，孩子已病危，他那苍白的小脸，可爱的笑容，懂事的话语至今在她脑海中萦绕："刘老师，现在我可想上学，我再也不惹你生气了。"可是老天再没给他机会，这个可怜的孩子过早地夭折了。当着全班学生的面，刘老师泪雨滂沱……

她从一个孩子身上体验到了作为一名教师的价值，也强烈感受到了爱的力量。同时，她也把深深的遗憾埋在了心底。那一刻刘夏发誓：我要用心去爱我的每一个学生，永不在一个孩子身上留下遗憾。正是这件事改变了她的人生观，让这位年轻的女教师树立了坚定的信念：要竭尽所能，干好教育事业，不辜负任何一个孩子。

　　刘老师始终如一地坚守着自己的师德理念：让每一颗幼苗都得到爱的滋润，让每一朵鲜花都享有阳光。为了这一信念，付出多少她都不在乎。为了拉回沉迷于网吧不能自拔的小卓，她曾深夜游走于大街小巷，挨门串巷地寻找、打听，直至凌晨找回迷失的"羔羊"，百般劝说，终于唤醒其昏睡的心灵；爱的奉献，铸就了刘老师事业的辉煌，也成就了她所深爱的孩子们。由她的事迹材料拍摄的专题片《让每一朵鲜花都享有阳光》在中国教育电视台播出。谈起对教师工作的感受，她微微一笑，说："教育没有什么秘诀，只要抓住了'爱'这个教育之魂，就抓住了教育的全部。"

[案例2]

　　有许多优秀教师，在危险来临之际，为了孩子的生命，勇敢的教师，用柔弱的血肉之躯，用鲜活的生命为学生抵挡了死亡，用爱和无私撑起了希望的天空，把生的希望留给孩子，把死的危险留给自己。

　　在"5·12四川汶川大地震"灾害中，面对突如其来的灾难，有许多教师始终把学生的生命安全放在首位，舍生忘死，奋不顾身，保护学生，在全社会赢得了高度赞誉。他们用行动和生命诠释了师德和保护学生安全的涵义。

2008年5月12日，中国四川汶川发生了特大地震灾难，美好的世界在瞬间坍塌。当汶川县映秀镇的群众徒手搬开垮塌的镇小学教学楼的一角时，被眼前的一幕惊呆了：一名男子跪扑在废墟上，双臂紧紧搂着两个孩子，两个孩子还活着，而他已经气绝！由于紧抱孩子的手臂已经僵硬，救援人员只得含泪将之锯掉才把孩子救出。这就是该校29岁的老师张米亚。"摘下我的翅膀，送给你飞翔。"多才多艺、最爱唱歌的张米亚老师用生命诠释了这句歌词，用血肉之躯为他的学生牢牢把守住了生命之门。

殷雪梅老师生前是江苏省金坛市城南小学一位普通教师。2005年3月31日12时10分，她在护送学生沿斑马线过马路时，一辆高速行驶的汽车向学生队伍冲来，危急关头，殷雪梅老师奋不顾身张开双臂冲上前去，将正在马路中间行走的6名学生奋力推向路边，学生脱险了，而她却不幸被汽车撞飞出20多米，身负重伤，经全力抢救无效离开人间。殷老师的瞬间英勇壮举，经新闻媒体广泛报道后，在社会上引起了强烈反响。5月31日，江苏省人民政府批准她为革命烈士，国家人事部、教育部追授殷雪梅为"全国模范教师"。

[案例3]

一次公开观摩课上一位二十多年教龄的女老师，在课堂上并没有频频去叫那些反应机灵、学懂会用的好学生，而是善于捕捉那些不敢大胆发言，没有勇气回答问题的差生的一闪之念。一位女孩刚把有信心的眼睛抬起的时候就被老师叫起来回答，结果是心理过于紧张，老师启而不发满头大汗，不知所措。这时老师让她坐下来，平静一下语气温和地说了句："没关系，老师知道你会了。只是过于紧张而暂时想不起，以后经常锻炼就好了。"这堂课使人感到，女老师用自己的爱心在点燃胆怯者的智慧之火，让学生受到"我有被爱的权利"。

（1）为什么说这位教师的爱是公正的、无私的？

（2）给了我们怎样的启示？

（1）公正、无私的爱要体现在对所有的学生的接受，把每一个学生视为自己的弟子。尊重他们的人格和创新精神，与他们平等相处，用自己的信任与关切激发他们的求知欲和创造欲。这位女教师善于捕捉那些不敢大胆发言，没有勇气回答问题的差生的一闪之念和一句温和的鼓励话，这堂课使人感到，女教师用自己的爱心在点燃胆怯者的智慧之火，让学生受到"我有被爱的权利"。

（2）公正、无私的爱是体现在教师教育教学过程的细节中：课堂教学中关注每一个学生，没有偏见；评价学生时不带个人的感情色彩；与任何学生谈话时语气一样等等。也就是说，爱是一种公正、无私，要走出对优生的偏爱和对差生的偏见两个误区。只有教师公正、无私地爱学生，学生才能信赖教师，才能点燃学生智慧之火。

[案例4]

某市第二十中学有一批复习资料投放阅览室让学生查阅，可是第一天就少了6本。有的人主张严肃查处，可是校长却不然，他写了几句话贴出去："作为校长的首要责任是，要使全校师生明白，二十中人的人格是无价的，然而朋友，你信吗？投放的书少了6本。"第二天有人送回来了一本，校长又公开写道："你送回的不仅是一本书，你送回了人格，送回了二十中良好的校风。"第三天，其他 5 本也都送回了。

(1) 根据案情说明这位校长的做法？

(2) 谈谈你的认识。

(1) 这位校长的做法是情感育人。

分析：

案例中的校长，面对"学生拿走了图书阅览室里的几本书"的事件，不是严肃查处，而是动之以情，晓之以理，写了几句话贴出去。这几句话语重心长，道出了"二十中人的人格""二十中良好的校风"，感化这几名学生，激起了学生积极情感的反映，于是这几名学生就放回了书籍。在这里，校长既严，又爱，既有集体荣誉性的教育，又有人格尊严的启发。校长的情感很有感染力、渗透力，表现出对教育的忠诚，对学生的爱护。

(2) 认识：

①教师的劳动对象是人，人非草木，孰能无情，教师与学生的相互交往，不能没有感情。教师的职业劳动需要丰富的情感，教师的情感同样是其劳动的工具。

②当学生有了缺点、有了错误时，教师要善于以情感去感化人、教育人、激励人。

③教师情感育人需要有智慧。教育没有情感，就像磨坊没有水。

第五节　学会与他人共事

一、团队协作的必要性

团队作为一个合作组织，它的健康运转有赖于员工的良好协作、部门的协调配合。随着社会化大生产时代的到来，团队的规模越来越大，内部分工越来越细，为了保证部门和员工都能围绕团队的目标和意愿进行，就必须要求部门与员工具有强烈的协调意识。

处理好团队合作中部门与部门、员工与员工之间的关系，对于形成组织系统的合力，产生力量的组织关系甚大。衡量一下自己的员工队伍算不算一个优秀的团队，就要看他们能不能满足下面的三个条件：

1. 自主性

如果一个领导不在，也没带手机，但员工能自主做事，正常运作，用不着逢事都向领导打手机请示，这就是一个具有自主性的团队。可以这样说，员工找领导的次数越多，就表明员工的自主性越差。

2. 思考性

领导下达意见，领导做出决策，领导开动脑筋，员工都依照领导的指挥做事。这就是一个没有思考性的团队。领导长期做决策，容易忽略员工的思考性，养成员工的惰性。

3. 合作性

员工不但要愿意动脑筋，愿意自主做事，而且要善于与周围的人合作，所以合作性非常重要。

"一只蚂蚁来搬米，搬来搬去搬不起，两只蚂蚁来搬米，身体晃来又晃去，三只蚂蚁来搬米，轻轻抬着进洞里。""三只蚂蚁来搬米"之所以能"轻轻抬着进洞里"，正是团结协作的结果。有首歌唱得好"团结就是力量"，而且团队合作的力量是无穷尽的，一旦被开发，这个团队将创造出不可估量的奇迹。

当今社会，随着知识经济时代的到来，各种知识、技术不断推陈出新，竞争日趋紧张激烈，社会需求越来越多样化，使人们在工作学习中所面临的情况和环境极其复杂。在很多情况下，单靠个人能力已很难完全处理各种错综复杂的问题并采取切实高效的行动。所有这些都需要人们组成团体，并要求组织成员之间进一步相互依赖、相互关联、共同合作，建立合作团队来解决错综复杂的问题，并进行必要的行动协调，开发团队应变能力和持续的创新能力，依靠团队合作的力量创造奇迹。

二、与同事建立良好的工作关系

在我们的工作环境里，建立良好的人际关系，得到大家的尊重，无疑对自己的生存和发展有着极大的帮助，而且有一个愉快的工作氛围，可以使我们忘记工作的单调和疲倦，也使我们对生活能有一个美好的心态。遗憾的是，我们常常听到不少人对怎样处理好办公室里的人际关系感到棘手，抱怨甚多。其实，只要我们为人正直，用心并努力，做个受人喜爱的同事并不是很难的事。根据行为专家的忠告和众多人提供的经验，我们不妨从以下几个方面入手：

1. 如果你有意见最好直接向上司陈述。

在工作过程中，因每个人考虑问题的角度和处理的方式难免有差异，对上司所做出的一些决定有看法，在心里有意见，甚至变为满腔的牢骚。在这些情况下，切不可到处宣泄，否则经过几个人的传话，即使你说的是事实也会变调变味，待上司听到了，难免会对你产生不好的看法。如果你经常这样，那么你就是再努力工作，做出了不错的成绩，也很难得到上司的赏识。这些因素都会对你的发展产生极为不利的影响。所以最好的方法就是在恰当的时候直接找上司，向其表示你自己的意见，作为上司，他感受到你的尊重和信任，对你也会多些信任。

2. 乐于从老同事那里吸取经验。

那些比你先来的同事，相对来说会比你积累了更多的经验，有机会时我们不妨聆听他们的见解，从他们的成败得失里寻找可以借鉴的地方，这样不仅可以帮助我们自己少走弯路，更会让他们感到我们对他们的尊重。尤其是那些资历比你长，但其他方面比你弱一些的同事，会有更多的感动，而那些能力强的同事，则会认为你善于进取，便会乐于关照并提携你。

3. 对新同事提供善意的帮助。

新到的同事对手头的工作还不熟悉，当然很想得到大家的指点，但是心有怯意，不好意思向人请教，这时，我们最好主动去关心帮助他们，在他们最需要得到帮助之时，伸出援助之手，往往会让他们铭记终生，打心眼里深深地感激你，并且会在今后的工作中更主动地配合和帮助你。

4. 适当"让利"，放眼将来。

有一些人与同事的关系不好，是因为过于计较自己的利益，老是争求种种的"好处"，时间长了难免惹起同事们的反感，无法得到大家的尊重，而且他们总在有意或无意之中伤害了同事，最后使自己变得孤立。而在事实上呢，这些东西未必能带给你多少好处，反而弄得自己身心疲惫，并失去了良好的人际关系，可谓是得不偿失。如果对那些细小的，不大影响自己前程的好处，多一些谦让，比如一些荣誉称号多让给即将退休的老同事，再比如与其他人共同分享一笔奖金或是一项殊荣等等，这种豁达的处世态度无疑会赢得人们的好感，也会增添你的人格魅力，会带来更多的"回报"。

5. 让乐观和幽默使自己变得可爱。

如果我们从事的是单调乏味或是较为艰苦的工作，千万不要让自己变得灰心丧气，更不可与其他同事在一起怨声叹气，而要保持乐观的心境，让自己变得幽默起来，如果是在条件好的单位里，那更应该如此。因为乐观和幽默可以消除彼此之间的敌意，更能营造一种亲近的人际氛围，并且有助于你自己和他人变得轻松，消除了工作中的劳累，那么，在大家的眼里你的形象就会变得可爱，容易让人亲近。当然，我们要注意把握分寸，分清场合，否则会讨人嫌。

只要你以真诚的态度注意从以上五个方面去努力实践，同时在工作时保持做人的正义感，那么做个让人喜欢的好同事，得到一个好人缘并不难，工作便也成了一件让人快乐的事了。

三、和谐互动才能高效共赢——建立良好的上下级关系

上下级之间，其实是领导与服从、管理与执行的关系，领导是个体引导群体活动达成共同目标的一种行为。领导的内涵是通过深远持久的个人影响力，激发下属的主观创造意愿，给下属的不是单纯的压力而是制造更多的原动力，让下属在上司刻意营造的舒畅宽松的工作氛围中，主动工作、自愿努力。良好的领导行为贯穿工作始终能够产

生巨大的能量，保证组织的高效运转和绩效的达成。

管理的基本内涵是：制定规则和制度，监督并促使规则和制度运行。管理就是制订规则，教导、强制人们按照规则行事，并形成习惯性机制。其目的是使工作有效率地、良性循环地完成。相对而言，管理概念中控制和压抑的成分较大，强制执行的色彩更浓。

管理工具分刚性和柔性两种，刚性工具如制度法规等，主要用来约束规范员工的日常行为，而人本管理则可概括为柔性工具，致力于建立良好的有弹性的员工关系，普遍认为"刚柔相济"式（即领导多于管理）更符合企业实际，而刚性与柔性的较佳比率为40∶60。作为上司，无论级别高低、管理幅度大小，只要拥有了下属，"首先是领导者，其次是管理者"就是角色的最佳认知。做上司意味着对下属负责，要审时度势地做好领导者与管理者的角色转换，灵活使用管理工具，避免出现领导力不足或管理过度、缺失。领导风格生硬、管理工具不当，都会伤害上下级关系。

想建立良好的上下级关系，就要有正确恰当的心理定位——

作为上司，首先要做"师者"——要负责"传道"。从上到下有共同的目标才能保持步调一致。让下属明确学校的核心价值观是领导的义务，领导要做学校文化的传播载体，将学校的愿景与使命、决策者的思想、心声传递下去，做学校文化的忠实实践者、发扬者，将学校文化渗透到思想并转化为行动，做教师行为的标杆和楷模。有了模范，就有了规范。一石可以激出千层浪，所有层级组合起来就能辐射到学校每一个角落，就是无数架播种机，学校文化就不再是空洞的理念，落地生根成为员工的行为准则，展示出学校的优秀精神风貌。

　　"师者"的另一概念是做教练——即"授业"。在组织当中，领导的综合能力最强、品行最佳才能服众。建立领导权威的重要途径，除了具备出色的领导素质和高超的专业能力外，还要培训和指导下属，帮下属补齐能力的短板，激发挖掘下属的潜能，让下属在工作中得到提升。教练式领导不是简单告诉下属怎么去做，而是因材施教，引导并帮助下属建立一个灯塔式的前进目标即个人愿景，不断激励其去努力，让员工带着积极向上的主观欲望，突破自身局限快速成长。

　　一个心态保守或平庸无为的领导，会导致下属成长缓慢，引起下属抱怨。有时令下属焦灼的问题，而上司充耳不闻，好像无关痛痒，双方不能产生心理互动，就会造成下属不满。久之，积累成矛盾，就会影响部门或团队整体绩效的达成。下属甘愿追随上司的原因之一，就是下属得到尊重和认可，能学有所获，更新和完善自己的机会较多。

　　一个合格的领导还必须是一个"医者"，一个兼职心理医生，能够给下属做心理辅导甚至心理按摩。当下属的思想情绪偏离目标轨道或进入盲区时，就要做一个忠实的聆听者，走进下属的内心世界，关注并感受下属的喜怒哀乐，通过有效沟通，对症下药"解其惑"，一个通情达理体谅人心的上司更容易赢得下属的忠诚和信赖。

　　做领导的有时还要兼做"家长"。孩子学走、学跑都会跌倒，但不能就此牵手走一辈子。上司对下属基于了解大胆放权，是对下属的全面锻炼，就像我自己一样，因为上司的信任和鼓励，自主做事反而有更多创新性的表现。

相对而言，下属也必须认清角色，给予自己恰当的心理定位，这样双方才能形成和谐互动、高效共赢的工作局面。

首先，教师要把自己当成"士兵"——以服从为天职，具有"忠诚、勇敢、努力完成"等优良品质。在学校中下属的使命就是高效执行。在执行过程中发现命令存在问题可以向上司质疑并建议，问题严重还可以越级反映，不盲从是对学校的负责。但日常工作中上下级之间争斗，下属用折扣执行的方式抵触上司，或者心态消极敷衍推诿、得过且过，其结果是贻误工作影响大局，这就是典型的下属不称职，执行力是对下属能力的最基本要求，执行力的缺失也是领导最不能容忍的行径之一。

"忠诚"，就是忠诚于学校忠诚于使命，个人利益服从整体利益。"勇敢"是在工作中不把难题推给上司，而是知难而上，敢于挑重担和独当一面。而"完成"是把执行贯彻到底，把事情做得有始有终。

其次，做下属就是做"学员"，"学习才会赢"是最好的职业发展座右铭。把工作压力化解成学习动力，接受额外的、难度大的工作任务可能是展示才华的一次机遇，当工作上的新挑战降临，就是最难得的实习锻炼，是一次加速成长的机会。把上司分配的"急难险重"的任务，当作职业生涯的历练，经受住了"折腾"，就是经受住了考验，就有了收获和进步。就如体育竞技，没有努力训练，就没有领奖台上的风光。把自己当成学员，潜心学习上司的领导思维管理手段，"扬其长、避其短"，选择性吸收养分培育自己，带着思考去做，多做、做好，将简单的工作做到优秀、做到极致、做成专家，就如同踏上了向上的阶梯，就有了追求卓越发展的能量和资历。

好的下属还要将自己定位为"家庭一员"——"不当家不知柴米贵"，着眼大局，站在上司的角度换位思考，就会有更多的理解和体谅。上司之所以位高权重，多拿薪水，是因为他们承受了更大的风险和压力，他们的处境经常比下属艰难。更多的时候，对问题的处理不是基于偏见、整治下属，而是为了平衡大局，保障大方向、大目标的实现。

融洽和谐的部门及团队，往往整体绩效也更为突出。"心底无私天地宽"，上下级统一一致抱成一团才能共打天下，理论和实践都能证明，职场中以"公心为上、尊重平等、严于律己、宽以待人"为上下级相处的根本法则，就能在企业中形成无障碍沟通的局面，团结就是竞争力，和谐健康的上下级关系其实是学校与个人的一种共赢。

四、同事间出现了矛盾该怎么解决

首先，对待同事要多理解多支持。在办公室里与同事相处久了，对彼此间的兴趣性格，生活状态都有一定的了解。每人都有自己的个性和想法，我们没有理由苛求别人都合自己的胃口，在人际交往中必定会发生误解和争执，一旦出现矛盾的时候，一定要换个角度，站在对方的立场上，多为对方想想，理解一下别人的处境，不要过分情绪化，更不能在背后议论是非。多反思自己的过错，不要一味指责他人，所谓"闲谈莫论人非，静坐常思己过"就是这个意思。

其次，与他人建立良好的沟通渠道，不要将矛盾沉淀。出现了矛盾，最好的办法是大家能够开诚布公敞开谈，而不是压抑自己对别人的不满，把矛盾搁置下来最终只会将矛盾越沉越深。同时寻找一个适当的机会来解决，端正自己的态度，不要因为别人的过错而咄咄不休。事后如果发现是自己的问题，就及早向对方道歉，如果碍于面子不好当面说明，就打个电话发个短信，或是主动向对方示好，相信很快就能将矛盾解决。

再次，与同事保持适当的距离，善待别人，以诚相见。工作中做什么事都要对自己有信心，也就是自信。不要因为别人说了什么，就不敢去做。坚持工作原则，不活在别人的话语中，不去人云亦云，凡事先想后做，三思而后行。心胸宽广，无论是喜欢或不喜欢的同事，见面都要打招呼，且面带笑容，要真诚。灿烂的笑容还可以给别人带来愉快的心情，给自己带来好的人缘关系。工作中，自己的事处理完后，看看周围的同事有没有要帮忙的事，或自己没事时帮同事倒杯水，收拾一下办公桌，节日时，同事之间互相问候，发个消息，打个电话……这样都可以更好地处理同事之间的关系。

最后，不要把个人生活的情绪带到工作中，也不要把前一天工作中的不愉快带到第二天上班，更不要把自己在工作中的不愉快发泄到同事的身上。严于律己，宽以待人，工作中产生的矛盾，本就是一些很小的事情，正确对待不需要回避，只要把握好尺度，都能解决。

同事间也可以相处得很愉快，像亲人一般。比如离家很远的人，平时有很多事情需要依赖同事，工作和生活上也经常得到大家的帮助和关心，学习和同事的相处之道，和大家一起构建一个和谐温暖的集体，齐心协力，一起工作，共同进步。

第六节　如何与学生家长建立良好关系

一、家长对教师有哪些期望

当今的教育改革基本确立了以学生的全面素质发展为目标的新理念，人们对学生给予了包括学习在内的全方位的关注。但教师得到社会舆论强化的只是对教师素质的新标准和高要求。这就导致了教师的公共形象备受关注，除了学校、行政的关注外，最直接的来自于学生家长的审视。

随着教师在学历上的普遍提高，家长对教师在学科专业上应有的知识大都持肯定态度，但对教师职业道德却颇有微词，家长们看重教师与学生的沟通和交往能力，认为教师与学生关系密切对学生的成长非常重要，他们认为，"创造一种竞争向上的气氛""快速处理学生的行为问题""讲解课程内容要让学生听得懂"这几点非常重要。表明家长很重视教师的教学能力和教育能力。正直诚实、情绪稳定是教师最重要的个性品质。另外，家长还要求教师"应该成为学科教育家"，"应该通过学习完善自身""教师要理解和满足学生的需要"。而教师的自我形象与公共形象总是有一定的差距。家长一般都是站在自己孩子的成长角度看教师角色，因此为了让自己孩子能学到更多的知识，认为教师应多进修，期待教师更专业。在与学生相处中教师被提及最多的是希望他们能是良师亦是朋友般了解学生或是希望教师能视学生如子女般尽心教导。

现在社会对教师的素养要求越来越高，这就要求教师的整体修养和文化、品格等要综合提高，达到一个让学生和家长满意的程度。近年来许多关于教师的负面报道层出不穷，许多家长也越来越看重教师的道德品质，他们觉得应该把孩子交到一个让他们信任的人手中，这个人必须在道德上没有差错。家长对小学教师的要求是在学业上不要有那么大的施压，但都希望教师对待自己的孩子关心，教师应该对小学生有爱心，保护他们的自尊和自信心，帮助他们从小建立一种正确的人生观和价值观，这对小学教师是一个比较大的考验，这需要极大的耐心和努力。往往我们的教师跟不上家长的期望，但却不得不承认，我们的教育在不断努力打造一支强的教育力量，家长也不能老是靠教师解决孩子的一切，我们的教师在现代小孩的眼中是不可代替的，他们对教师的膜拜和模仿都是他们成长的一部分，可想而知教师会影响一个人一生的起步阶段。当然，不可置否家长们的担心和忧虑，作为教师，积极与家长沟通，取得家长的信任是建立学校与家庭联系的桥梁。我们都知道，一个孩子的成长离不开学校和家庭的双重教育。面对学生，家长希望教师耐心地教导和真诚地交流，也许大多数家长自己都做不到。其实，把握好每一个学生是每个教师希望的，家长不要过多的觉得教师对自己孩子不够关注，因为教师不能把每一分钟都给你一个孩子。对于教师的公共形象和自我形象，其实是相互的建立，公共形象是建立在自我形象上，而自我形象往往也是建立在教师这个公共形象上的，即使自我和公共的期望不一样，或者说接受程度不一样，但可以肯定，这种期望正在实现。

二、教师期望家长做些什么

我们曾经有过很多教育的失败是因为教育的不一致，父母们抱怨教师，教师抱怨家长，家庭教育与学校教育脱节，学校与家庭相互做了很多"无用功"，究竟谁该承担更多的责任？这里，搜集了一些教师对家长的建议和期望。

了解学校里孩子的"真面目"

也许父母们眼中的孩子和教师眼中的孩子是完全不同的形象，这也是家长与教师沟通时的困难所在。家长不相信教师的话，教师不信任家长的话，而每一方都自认为了解孩子。教师希望家长可以理智接受孩子在学校的表现，并从家庭的角度予以帮助，不能盲目地偏袒，也不能随意地否定。

不要在孩子面前攻击教师

很多父母都有不满意教师行为的时候，他们会在孩子面前谈论教师，甚至对教师有攻击性言辞，如果孩子受父母的影响，就会抑制教师的教育。教师自身也许是不完美的，我们可以向教师建议或商讨，但却不可以去损毁教师的形象。

过问孩子的功课

检查孩子的功课或过问孩子的功课是家长与孩子了解沟通的好机会，教师希望家长可以通过过问孩子的功课来了解孩子在校的学习情况，不至于看到分数就生气，分数虽不是唯一的标准，但它一定程度上反映了孩子对知识的掌握情况。很多家长"痛恨"教师留的"签名"功课，教师却说：为什么家长不把"签名"看成一次机会，一段可以和孩子共处的时间？难道作为父母不应留给孩子一点时间吗？

管教孩子是父母的责任

很多父母并不管教孩子。有的孩子和祖父母在一起，有的父母忙到无法顾及家庭，这使教师无法找到可以讨论孩子问题的对象，使得教育失掉了家庭配合这一环。教师极其头痛这样的孩子，因为他们往往也是问题儿童，希望家长不要忘记管教孩子是为人父母的重要责任，不可以推给别人，更不可放任。

正确评价孩子

孩子是一个复杂的个体，完整而全面地评价孩子不是一件简单的事，教师和家庭往往因为彼此和孩子的接触面不同而对孩子有不同的认识，这并不是一件矛盾的事，反而更有利于认识一个孩子。教师要公正、宽容而开放地接纳父母的评价，也请父母和教师一起去认识孩子，正确评价孩子。

做孩子的支持者

学校里有很多活动，但有时候并不能吸引孩子，其中的一个原因就是家长的不支持，家长们总是将自己的意志和判断强加给孩子，列举活动的种种弊端，阻止孩子参加。教师提醒父母们：要给孩子以选择的权利，要尊重孩子的选择，要支持孩子参加活动，这同样是一次教育的机会。

耐心对待孩子的落后

正如落后不是一天形成，要想改变也需要时间。父母们切不可粗暴对待，或听之任之。越是这样的孩子越需要父母的关爱和帮助，教师希望父母能多一些时间来陪伴和帮助这样的孩子。

谈谈学校里的故事

很多教师在与家长沟通时会发现，父母们对孩子的校园生活非常陌生，家长们则抱怨孩子根本不和他们谈论学校里的事，这使得父母失去了了解孩子的一个机会。教师建议家长应该经常与孩子谈论一些学校里的事情，讨论家庭作业或其他的活动情况，有些时间检查孩子完成的家庭作业。

主动与教师沟通

很多父母不愿意见教师，因为每次见面教师都会"告状"：原来孩子在学校有"这么多的问题"。也有的父母认为教师没有约见家长就意味着孩子在学校没什么问题。而其实，每一个孩子都会有不同的问题，尤其，当你的孩子是一个"问题"儿童或需要帮助的有困难的学生，作为父母就应该积极与教师沟通，不要被动地等教师来找你，教师喜欢与关心孩子的家长合作。

四、建立与家长的良好关系

家长是一群有着不同职业、不同文化背景的群体。他们的素质也是良莠不齐。但从感情上来说，他们对孩子关心的程度胜于我们老师，绝大部分家长都愿意参与到学校的教育活动，是教师的合作伙伴。所以我们有必要通过我们的努力调动一切有利因素，建立教师与家长间良好的合作关系，成为彼此的合作伙伴。因而要做到：

1. 要在家长心中树立良好的形象。

教师是一个特殊的职业，它担负着教书又育人的双重责任，言行上有着特殊的影响作用，所以作为教师必须做到为人师表，廉洁公正，以教师特有的人格魅力影响学生，征服家长的心，这样工作开展起来就比较得心应手了。再有，高尚的师德，过硬的业务素质是班主任教师取得家长信任的关键，学高为师，身正为范。一个具有高尚的品格、渊博的学识的教师，无疑是人们心中的丰碑，会引起人们的爱戴，在工作上会更容易得到支持和拥护。因而，班主任要具备高尚的师德和过硬的业务素质，才能深受家长欢迎。

2. 要尊重家长。

我们常说："家长是孩子们的第一任老师"，事实上确实如此。家长对孩子事无巨细的了解是其他人都无法达到的；他们对孩子无论是潜移默化还是耳提面命，那种或间接或直接的影响也是任何人都无法取代的，孩子每天来学校，得益于教师和家长的双重教育。在一定意义上教师和家长是教育伙伴，他们是合作关系，大家都是为孩子提供良好的教育而努力，互相尊重就是建立和保持良好合作关系的一个重要前提。

3. 教师与家长保持平等关系，保证交流渠道的通畅。

要坚持此原则最忌讳的就是教师以教育专家自居，或者是在与家长的交流中使用过多的专业术语，给人以高高在上的感觉。这个道理很简单，比方说，我们不是总要强调与家长的沟通吗？想想看，要让一个"沟"能"通"，使"水"能够畅通无阻，关键就是保证它各部分都在一个水平面上，即我们所说的"平等关系"。没有这个基本条件，"水"就会窝在低洼的地方，弄不好还会造成"洪水灾害"呢！所以，我们说话要看对象，让人一听就懂，才能达到沟通的目的，此外，我们做老师的不但要会说，而且还要会倾听，并能够从其他人的视角来看同一事物。只有这样做了，才能够双向流动。

4. 教师要真心理解并欣赏家长对自己孩子的关爱。

家长对教师产生的无论是积极的还是消极的意见和看法，其实都是从为了孩子的角度有感而发的。在与家长的交往中遇到矛盾冲突时要常常告诫自己，千万不要把它当成是针对自己的个人问题，而要静下心来，从家长的角度来仔细想想问题后面真正的原因。说实在的，没有几个家长是成心要和老师过不去。如果我们能够从个人的感觉中超脱出来，站在一个更高的角度看待问题，我们就会变得更加客观，处理问题时也就更加有效了。

在遇到老师和家长在教育孩子的问题上出现争议时，教师不要评判家长的对与错，要求共识而不争高下。教育是一个非常复杂的过程，在大多数情况下，由于教师和家长的知识经验、家庭背景等不同，他们不可能在所有问题上都有共同的看法。在这种情况下，争论对错无济于事，教师和家长要在很短时间内改变对方是不可能的。我们要就事论事，把自己的看法向对方表达清楚，而不急于下结论，只求能够在相互尊重与理解的基础上达成共识就好了。

5. 教师要对家长报忧也报喜。

大多时候孩子有问题教师会想到要告知家长，但孩子有了进步或成绩，我们是否也会向家长传达呢？试想我们是家长，孩子的老师能够用电话或其他方式告诉孩子的点滴进步，我们也会时常关注老师的各项活动；反之，若老师一打电话就是我们孩子上课又捣乱了，用不了几次就会让家长的心和耳都关闭，对老师的话只会引起反感，哪还会去积极配合他的工作呢？所以说，报忧也报喜才能使家长真正体会到，教师的心和他们一样是盼孩子成长，欣赏孩子进步的。

6. 教师与家长交谈要讲求谈话技巧，要有一些幽默感。

人与人要以诚相待，和家长、孩子讲话尽量少说或不说"不能""不要"等批评话语，而多从积极的角度来评论或建议，同样的意思可以用不同的措辞来表达，得出的结果也可完全不同。还可以用幽默来解除教师与家长间的紧张，一个幽默的教师能更好地与家长沟通，孩子们也能有机会分享和欣赏教师的快乐童心，教师的幽默还能够有效地调整自己的心理变化，舒解压力，保持心理健康。

在与家长沟通时，要做好以下几点：

第一是语气要委婉，语速要慢。我们面对的是比我们年纪要大的家长，他们之中很多人都有很高的学历，在他们各自的领域都有着非常的成绩，所以我们说话不要使用'你应该'或'是你必须'这样带命令性的词汇。而应该说'你认为'或者是'你觉得这样如何'这些婉转、协商性质的词汇。这样家长就会很乐意，也更容易接受我们提出的建议。当然，也不能够过于谦虚，在确定无疑时，语气应该十分肯定，让家长相信你的意见是不容置疑的。当然，什么都不是绝对和死板的。要学会灵活运用，随机应变。这些都需要教师去掌控并把握好一个度。

第二是建议要有针对性。在解答家长的疑惑和问题时，给家长的建议一定要有针对性，要针对孩子现阶段的一个实际情况，这就需要老师在上课时认真仔细地观察每个孩子的性格特点、生活习惯、兴趣爱好、优缺点，以及自己采取了哪些改善措施，需要家长怎样配合等。

给的建议不能模棱两可，让家长感觉不着边际，听似有理，却不能够有效地解决实际问题。从而产生失望情绪，进而对教师的工作能力产生怀疑。

第三要肯定学生，对每一位家长要一视同仁。就算孩子有再多再大的问题，老师的一句微不足道的称赞，都会让家长感到高兴，甚至影响到对待孩子的态度，这在一定程度上是有强化孩子继续努力的心理的，同时也能让家长轻松，自信并愉快地面对老师，主动提出孩子目前存在的一些不足，期望得到的指点与帮助。虽然家长之间的差异是客观存在的，学历、性格、职位等各有不同，但我们共同的目标都是教育好孩子。所以应该让每一位家长都感受到我们的关注和重视。

第四要调整好自己的心态。作为教师首先要做的，是要调整好自己的心态，酝酿好自己的角色，凡事力求站在家长的角度去想问题，把学生当成自己的孩子看待。从一切为了孩子好为前提，帮助孩子进步为出发点去考虑问题，就会让家长没有距离感，不产生戒备心理，这样即使批评孩子，家长也可以接受，也就不会挑剔，更不会闹得脸红脖子粗的。虽然在教师与家长的关系中，教师起主导作用，但对教育过程中出现的问题，首先要从自己身上找原因，还要客观地分析问题的症结所在，正确地评价学生的表现和家长的家庭教育模式。与家长共同研究解决问题的方法。

7. 写好家长通知书评语。

每到学期结束，都是给学生填写《家长通知书》的时候，而操行评语是其中一项很重要的内容。评语是对学生一学期表现的综合评价，是联系家庭与学校的重要方式。

一份好的评语，既能让学生正确地认识自己，明确今后努力的方向，又能使家长了解到子女的情况，有效地配合教师的教学。为了写出好的评语，教师要注意以下几个方面：

1. 全方位对学生进行概括。

在写评语时，教师既要看学生的思想，又要看其行动；既要看学生在校内的表现，又要看学生在校外的表现；既要看学生的原有基础，又要看一个学期以来学生的发展情况。这样，不但能让学生感受到老师对他的关注、关心，也让家长对孩子有一个全方位的了解。

2. 对学生的评定要一分为二。

马克思的辩证论表明世界万物都有正反两面，有好的一面，也有坏的一面。人无完人，即使是一个全面发展的好学生也有不足的一面，而学习成绩差的学生，也有其闪光点，如一些差生也有其好的一面——体育好、爱劳动等。

因此，教师在给好学生写评语时，既要讲述其优点，也应指出其缺点，让他们戒骄戒躁，看到自己的不足。这些学生的家长也可以通过《家长通知书》了解到孩子的薄弱点，以便有针对性地对其进行教育。

而在给差生写操行评语时，教师要尽量挖掘他们好的一面，进行表扬，让他们重新树立自信心。通过教师的评价让他们的家长对孩子充满信心，从而配合教师的教学，提高他们的学习成绩。

3. 评语要因人而异。

在过去的教学中，一些教师写评语像给病人下的诊断书，沿用好、中、差的固定模式，千篇一律。

例如，优秀生一律以"学习刻苦认真，成绩优异"，差生以"学习不认真，不刻苦"，对一些表现平平的学生，少数教师还用"一般"两字进行概括，却抓不住他们不"一般"的特点。这样的评语，不但学生看起来索然无味，家长也不能了解学生在校的具体情况。

因此，教师在写评语时，一定要因人而异，写出适合每个学生特点的评语，让家长可以了解孩子最真实的一面。

4. 语言要准确、恰如其分。

评语是一项征服人的艺术，要求言简意赅、恰如其分、明确清楚，同时教师还要把握好分寸，要注意评语产生的影响。

5. 运用赞赏的语言。

一份好的评语应该能反映出学生的发展和所取得的成绩。将学生的缺点用语言的隐含信息折射出来，他们才容易接受教师的教育，形成健康的自我认识，更好地把握自己未来的发展。

如一位教师给一位聪明但自由散漫的学生写下了这样的评语："你的聪明、你的悟性、你的记忆力让老师欣赏、同学羡慕。但你的自由散漫不仅限制了你的发展，而且让老师不安，同学不快。如果你能加强自我管理，养成良好的行为习惯，相信各方面将会更加优秀。"这样的评语不但让学生感受到老师的爱，家长也能感受到教师对学生的关怀，从而取得很好的教育效果。

因此，在教育教学中，教师要以发展的眼光看待学生，要善于发现学生的优点进行正面教育，让学生在教师的赞赏声中不断成长。

6. 评语要反映学生的个性特长。

从心理学角度上看，学生期待老师对自己有独到、新颖的评价。比如，有这么一份评语："你是一位非常聪明的、能干的孩子。你那流畅的普通话、清脆悦耳的歌声、大胆认真的工作态度都给我留下了深刻的印象，我为有你这样一名学生而感到骄傲。可又在心里有一丝担心，担心你会在老师和同学的赞扬声中变得骄傲起来。你说，我的担心有必要吗？下学期，老师想把你推荐到校广播站做播音员，那时你肩上的担子又重了，身兼数职最能锻炼人，但需要你付出更多的努力，你能做到吗？"这样的评语既写出了学生的闪光点，又指出了学生自身存在的问题和今后努力的方向，对学生进行了全面的评价。家长看了这个评语后，无疑也会很好地配合老师帮助孩子克服缺点，发挥其优点。

一个没有爱心和责任心的教师难以写出高水平的评语。在平时的教育过程中，我们教师要注意细心观察，积累学生的闪光点，为期末写评语准备充分、客观、全面的素材，写出真实、全面的评价语言，以更好地增进师生关系。

第七节　如何克服职业倦怠

教师的职业倦怠来自于职业压力所带来的身心疲惫或是职业麻木所带来的懈怠。当你有了不要太早到学校上班的念头，当你对学生课下围着你提出问题觉得有点烦，当你懒得去批改学生的作业，当你失去与同伴讨论教学问题的兴致，当你在家里不乐于提及学校里的事情……这说明你的职业倦怠已经降临，工作热情消减，上课无精打采。

这种状态既损害教师本人的身心健康，又危害学生的学业，同时也不利于构建和谐的师生关系。所以，作为教师，我们应努力克服职业倦怠，保持高昂的工作热情。如何克服职业倦怠呢？

一、主动休息，自我调节

身体状况良好，工作才能高效；身体一旦疲劳，工作必然低效，长此以往，不加调节，容易导致职业倦怠。所以，要防止职业倦怠，首先要防止身体疲劳，而要防止身体疲劳，最有效的办法就是主动休息，即在尚未感觉到疲劳时就及时放松休息。及时休息有利于身体各项机能迅速恢复，是保持工作高效的有效做法。很多教师工作起来废寝忘食，总是等到感觉疲劳才被迫休息，而此时，身体的疲劳已积聚到很深的程度，即使休息，也为时已晚，往往已造成身体透支，难以恢复，得不偿失。

二、享受工作，自我充实

美国心理学家休因把职业生涯比作一艘航船，船要能经受风浪就必须配有坚固的锚。据此，他提出了"职业锚"的概念，在职业生涯中，要克服职业倦怠，保持良好的工作状态，就必须找到自己的"职业锚"。怎样才能找到自己的职业锚？必须回答三个问题：1. 我在职业上最擅长什么，最不擅长什么？（职业的才能）2. 工作中什么令我最有充实感？（职业的动机）3. 我对什么感到最有价值？（职业的价值观）据此选择自己最擅长、最喜欢的工作，体现自我价值。可见，休因认为，要克服职业倦怠，必须根据自身的状况选择最适合的工作，而不能根据世俗标准选择最"体面"的工作。身为教师，职业虽已确定，但仍能在学校工作这个小范围内进行调整，在从事教学工作的同时，可结合自身状况选择从事适合自己的工作，如教学管理、班级管理、教学研究，体现自己的特长和人生价值。但无论选择从事何种工作，都必须把握休因理论的精髓：所爱的必须是工作本身，而不应是工作业绩带来的荣誉和地位。也就是说，不能把工作当手段，而必须把工作当事业全力追求。把工作当手段，就会沦为工作的奴隶，情绪为工作所左右，目的一旦落空，就会产生焦虑感，长期焦虑，容易导致职业倦怠；相反，把工作当事业全力追求，才能在从事工作的过程之中寻找到乐趣，感受到幸福，达到享受工作的境界。

三、巧定目标，自我激励

在工作中，要克服倦怠，永葆激情，还要善于自我激励，保持对工作的新鲜感。这就要求教师不断向自己提出新的要求，制订新的目标，通过目标敦促自己不断学习、充实、提高。如何制订目标呢？有一个运动，他经常参加马拉松长跑比赛，多次获得冠军，当记者问他取胜的秘诀时，他的回答出乎意料："我是用智慧取胜的。"他进一步解释说：马拉松比赛全程达42公里，很难坚持，于是，他把42公里分为各个小段，每一小段都选取一座建筑物作为目标。长跑时，他就力争以最快的速度达到每一个目标，这样坚持下来，也就跑完了全程，而且获得了冠军。作为教师，也应确立自己职业生涯的最终目标，并把这一总目标分解为不同时期的分目标，力争实现每一个分目标，在奋斗中挑战自我，在追求中逐渐提高，在忙碌中得到充实、在执着中永葆激情！

四、多展读学生的赞誉

教师的工作不是为了获得赞誉，但是学生的赞誉却能够给我们战胜倦怠的力量。建议把教师节学生送的贺卡好好收藏起来，尤其是那些调皮学生写着情真意切的心语的贺卡，这其中隐含着教师和学生很感人的教育故事。

五、用欣赏的眼光去发现

当我们用欣赏的眼光去看学生的时候，你会惊喜于发现了学生身上从未发现的优点，这种"新大陆"的发现，不仅改变你对学生的印象，而且对你的教育信心是一种刺激，你就会感慨"不是缺少美，而是缺少发现"，由此反思你的教育理念和教育方式，也使你发现自己对于教育、对于学生还有很多"盲区"，没有理由倦怠。

六、多与家人或朋友快乐相聚

现在教师的闲暇不多，尤其是中学教师，有的忙得与家人闲聚聊天的时间都没有，这样不利于压力的分担，容易在独自繁忙中潜滋倦怠。应该多安排与家人或朋友在休息日到户外相聚活动，对压力是一种有效的减排，而在与朋友的交往中，还可以获得一些意外的精神支持。

七、选择一项适合自己的体育运动

教师是"劳心者"，更应重视参加体育锻炼。什么样的体育运动适合自己，要看自己的年龄、体质和体能的状况，去做选择。我们倡导快乐运动，不一定要有很大的运动量，但一定要快乐，才可能达到消除倦怠的目的。

第八节　当前青年教师的师德修养

一、加强师德教育，引导青年教师树立使命感

师德，是提高教师素质的核心，是做好工作的前提。教师只有具备高尚的职业道德，才能产生提高自己业务的强烈愿望，才能克服种种困难，全身心投入到工作之中。我们常把教师比喻为"红烛""人梯""春蚕""铺路石"，意在表达教育这一职业的无私和伟大。作为青年教师，必须正确给自己定位，自我剖析，冷静思考，坚信自己的职业选择，树立强烈的使命感，热爱教育事业，要对教育事业尽心尽力，无怨无悔。作为学校领导，要经常性开展青年教师的德育工作，诚心、细心、耐心地引导青年教师讲政治、树正气，教书育人，敬业奉献。如：通过成立教师党章学习小组，由学校党支部负责人为他们上党课、开展形势教育，使他们树立坚定的共产主义信念和正确的人生观、价值观；组织青年教师开展"爱教敬业，岗位成才"等修身活动，引导青年教师从我做起，从一点一滴做起，发扬奉献精神，一心一意为农村教育事业作贡献。

二、树立正确导向，引导青年教师增强责任感

新时期的教师不仅要教好书，还要育好人，各个方面都要为人师表。师德不仅是对教师个人行为的规范要求，而且也是教育学生的重要手段，起着"以身立教"的作用。教师要做好学生的灵魂工程师，首先自己要有高尚的道德情操，才能以德治教，以德育人，才能成为一名合格的教育工作者。在师德教育中，我们要多了解、多关心、多

引导、多提携青年教师，通过多种形式引导他们增强责任感。如：完善政治学习制度、谈心制度，坚持每周一次例会，开展教育思想大讨论，组织师德标兵开展演讲、征文、座谈会等系列教育活动，把握他们的思想脉搏，为他们的成长铺路搭桥，舍得为他们创造条件，为其成长提供良好的机遇、宽松的工作环境。利用广播、墙报、校园宣传栏等宣传阵地，开展生动活泼、形式多样的宣传报道，充分调动青年教师的积极性，充分挖掘教师职业道德的新内涵，努力探索加强师德修养的有效途径。开展"师德建设月"活动，引导青年教师修身立德、教书育人、服务育人，倡导积极进取、爱岗敬业、无私奉献、严于律己的精神风尚。

三、发挥榜样作用，引导青年教师提高荣誉感

"榜样的力量是无穷的。"向模范先进人物和优秀教师学习是进行师德修养的重要方法。爱因斯坦说："只有伟大而纯洁的人物榜样，才能引导我们具有高尚的思想和行为。"近年来，教育系统涌现出了许多"师德楷模""育人典范"，如同是身为农村教师的胡安梅、包全杰、王思明等人的先进事迹，他们可贵的思想境界，都是每个青年教师进行师德修养的榜样。因此，要因师制宜，因时制策，因事择机，因情择略，利用教师暑期集训的机会，用身边的人和事引领教师、感染教师、熏陶教师。例如，陆屋镇沙田小学地处边远山区，教学工作和生活条件较差，尤其是有的教师一个人在那里一干就是十几年。他们既要带两三个年级的教学，又要帮学生烧水做饭，负责学生的安全。他们的工作是何等的辛苦，但是他们为了山里的孩子，没有怨言，不计得失。

通过大力宣传这些优秀教师的先进事迹，组织开展大学习、大讨论，在高尚精神力量的感召下，青年教师要学会反思，抵制社会不良风气和拜金功利主义的侵蚀。

四、严格自我解剖，是青年教师加强自身师德修养的重要途径

"严格自我解剖作为一种道德修养途径，是对古人道德修养'内省'方法的借鉴，是指教师要严格按照教师职业道德的要求，经常对自己在教书育人过程中的思想和行为进行自省，并对不符合要求的思想和行为进行严肃的自责和及时的自纠。"这里所说的严格解剖的"格"，主要指教师职业道德原则和规范，也包括教师典范。"自省"，指以"格"为镜，对照检查、扪心自问自己在教书育人过程中是否有违"格"行为或存在差距。"自责"，反映对违"格"行为勇于进行自我批评，即"自讼"。"自纠"，指自觉改正违"格"的思想和行为，并向教师典范看齐。严格自我解剖的实质是要求教师在进行职业道德修养中，必须经常反思自己的行为，检点自己的作风，坚持对的，改正错的，使自己的思想和行为符合教师职业道德的要求。

五、自觉坚持"慎独"，是青年教师加强自身师德修养的有效途径

"慎独"源于儒家经典《礼记·中庸》，"莫见乎隐，莫显乎微，故君子慎其独也"。意思是说真正的君子在独处时也要谨慎不苟，决不因处事隐蔽而放纵，决不因私心萌动而不觉。"慎独"要求一个人在单独活动、无人监督的时候，也能坚持自己的道德信念，自觉地按照一定的道德原则和道德规范去行动，而不做任何不道德的事。"慎独"是对人自律意识的培养，是道德修养的一种有效途径，也是个人道德修养

的最高境界。它主要依靠教师在教育教学实践中所形成的内心信念来支配自己的行动，是衡量一个教师道德觉悟和思想品质的试金石。教师所从事的劳动基本上是个体性劳动，因此，教师在进行职业道德修养中更应当把"慎独"作为一种十分有效的修养途径。

"慎独"贵在自觉，贵在坚持。当一个教师处于学校组织、教师集体和学生群体的监督之下时，往往都比较注重自己行为的影响。但是，当一个教师处于周围无人知晓其教师身分的环境中时，要做到为人师表，就必须有高度的"慎独"自觉性。

由于教师的道德修养直接关系到中小学生德育的状况和青少年的健康成长，所以年轻的教师一定要加强自身师德修养。教育的发展，教师是关键；教师的素质，师德最重要。